청소년을 위한

주제로 보는
조선왕조실록

청소년을 위한 주제로 보는
조선왕조실록

초판 1쇄 발행 2016년 6월 20일
초판 4쇄 발행 2021년 12월 10일

지은이 송영심
펴낸이 이지은
펴낸곳 팜파스
기획·편집 박주혜
디자인 박진희
마케팅 김민경, 김서희
인쇄 케이피알커뮤니케이션

출판등록 2002년 12월 30일 제10-2536호
주소 서울시 마포구 어울마당로5길 18 팜파스빌딩 2층
대표전화 02-335-3681   **팩스** 02-335-3743
홈페이지 www.pampasbook.com | blog.naver.com/pampasbook
이메일 pampas@pampasbook.com

값 13,000원
ISBN 979-11-7026-093-6 (43910)

이 도서의 국립중앙도서관 출판예정도서목록(CIP)은 서지정보유통지원시스템 홈페이지
(http://seoji.nl.go.kr)와 국가자료공동목록시스템(http://www.nl.go.kr/kolisnet)에서
이용하실 수 있습니다.(CIP제어번호: CIP2016013310)

송영심 지음

실록 기사로
조선을 만나다

조선
왕조
실록

청소년을 위한
주제로 보는

팜파스

　　조선왕조실록은 유네스코가 지정한 자랑스러운 세계 기록 유산이다. 조선
왕조실록에는 500여 년간의 우리 선조들의 삶과 숨결이 살아 숨 쉬고 있다.
하지만 스마트폰과 게임, SNS에 젖어 사는 청소년들은 조선왕조실록의 진정
한 가치를 알지 못하고 있다. 조선왕조실록에 어떤 소중한 기록들이 담겨있
으며 왜 우리가 이것을 우리 후손에게 물려주고 보존해 나가야 할 것인지에
대해 잘 알고 있지를 못한다.

　　조선왕조실록에는 오늘의 우리를 있게 해준 조상의 치열한 삶과 정치, 경
제, 사회, 문화, 예술 등 인간의 삶에서 필요한 총체적인 역사의 기록이 긴 세
월을 넘어 마치 파노라마 영상을 보듯 세세히 기록되어 있다. 조선왕조실록
에 가장 중요한 자료인 사료는 직필을 원칙으로 하여 조선에서 둘째가라면 서
러워할 정도의 문장가이며 대쪽 같은 성품을 가진 사관들이 붓에 먹물을 흠뻑
묻혀 달필로 써 내려갔다. 지성과 학식, 비판력과 예지력을 갖춘 사관들은 그
들의 양심을 걸고 당대사를 진실하게 기록하려고 노력하였다. 안타깝게도 선
조 수정 실록, 현종 수정 실록, 경종 수정 실록과 같이 정권이 바뀜에 따라 내
용이 바뀐 곳도 있고 연산군 일기, 광해군 일기 같이 쫓겨난 임금들의 실록은
일기체로 기록되어 있지만, 실록에는 마치 타임캡슐같이 조선의 역사가 수백

년의 세월을 넘어 고스란히 생동감 있게 담겨져 있다. 우리는 실록을 통하여 선조들의 삶의 향기를 있는 그대로 느껴 볼 수 있다. 그들의 웃음과 기쁨, 비탄과 슬픔, 증오와 한숨이 실록 기록을 넘길 때마다 우리들에게 다가와 말을 걸고 우리에게 조상들이 걸어온 역사를 알려준다.

'역사를 잊은 민족에게 미래는 없다'라는 단재 신채호 선생님의 말씀이 있다. 500여 년의 세월동안 우리 조상들이 목숨같이 소중하게 여기며 한결 같이 기록해온 기록문화유산을 우리가 관심을 갖고 읽어보지 않는다면 세계에서 그 누가 이 기록을 읽고 그 가치를 인정하겠는가?

IT 강국으로 디지털 시대에 발맞추어 조선왕조실록의 방대한 기록이 모두 데이터베이스화되어 있어 대한민국 국민이라면 누구나 조선왕조실록 누리집(http://sillok.history.go.kr)을 통하여 기록을 읽을 수 있다. 그럼에도 불구하고 그 내용이 딱딱하고 어렵다 보니 역사 전공자들이나 한문에 비교적 밝은 어른들이 아니면 조선왕조실록을 읽어보려고 하지 않는다. 특히 스마트폰에 젖어 사는 청소년들은 아예 조선왕조실록 누리집을 찾을 생각도 하지 않는다.

이런 현상이 안타까워 필자는 현장의 역사교사로서 조선 시대사를 따라가며 관련되는 부분의 조선왕조실록의 사료도 제시하고 '실록퀴즈'라는 것도 만들어 흥미를 유발시켜왔다. 퀴즈를 개발하기 위해 실록 기사를 뒤질 때마다 놀라운 역사적 사실들이 진흙 속에 반짝이는 보석같이 곳곳에 있어 경탄하는 마음이 가득했다. 그 기쁨과 기록을 찾았을 때의 보람을 청소년들에게 나누어 주고 싶어 이 책을 집필하게 되었다.

보통 조선왕조실록을 지배층의 기록으로 읽을 가치가 없다고 생각하는 사람들이 있다. 그렇지 않다. 출발은 국왕의 일거수일투족을 기록하는데서 시작하였지만 조선 시대에 통치의 사슬에 신음했던 민초들의 눈물과 고통, 역사 속에 적시되지 못한 여성들이 역사에 기여한 역할, 조선의 하층민들의 다양한 삶의 방식과 직업관 그리고 조선 백성의 정신과 육체를 관통하는 신앙과 문학이 실록의 기사 행간에 낱낱이 기록되어 있다. 다만 그것을 방대한 조선왕조실록에서 전혀 찾지 못하고 읽지 못하는 것이다.

그래서 이 책은 청소년들이 우리의 자랑스러운 세계문화유산인 조선왕조실록의 내용을 주제에 따라 읽으면서 쉽게 조상의 삶을 이해하고 그 가치를 깨달으며 교과서가 가르쳐 주지 않는 조선의 역사를 살아있는 모습으로 흥미롭게 체감할 수 있도록 구성하였다. 이 책은 실록 속에 권력을 움켜쥐고 흔드는 자만 있었던 것이 아니라 그들의 통치 행위를 비판하는 자, 어떤 통치 행위를 할 것인가를 치열하게 토론하는 자, 통치를 받는 사람들에게서 저항하는 자들의 모습이 빼곡히 담겨 있다는 것을 알려준다. 또한 드라마보다 더 현실감 있고 깊이 있는 사랑과 비극, 기쁨과 낭만이 읽는 이에게 즐거움과 가슴 조이는 긴장을 안겨 주기도 한다. 놀랍게도 비행접시가 출현했다는 기사가 있는가 하면 외국인이 무과에 장원급제를 한 기록도 있고 유배를 당한 코끼리 기사와 샴 쌍생아가 출생하고 유성과 흙비가 쏟아지는 기록도 볼 수 있다.

역사는 그들의 역사이기도 하지만 그녀들의 역사이기도 하다. 그동안 남성의 역사 속에 매몰되어 왔던 여성사도 조선왕조실록에서 쉽게 찾아낼 수 있다. 조선의 왕비와 왕녀, 대왕대비 등의 지배층 여성은 물론, 사대부 부인과 궁녀, 의녀, 기녀, 무녀, 노비 등의 천인에 이르기까지 우리의 가슴을 설레게 하고 감동으로 이끄는 벅찬 이야기들이 실록 속에 담겨 있다. 이 책을 모두 읽었을 때 청소년들은 조선의 역사는 남성들 뿐 아니라 여성의 힘에 의하여 발전된 역사라는 것을 확실히 깨닫게 될 것이다.

자, 흥미로운 청소년을 위한 주제로 보는 조선왕조실록 내용이 여러분을 기다리고 있다. 이 책을 읽으면 고리타분한 조선사가 가슴 떨리는 조선사가 된다. 그럼 준비가 되었는가? 우리 모두 실록 열차를 타고 조선시대사 여행을 떠나 보지 않겠는가?

이 책이 나오기까지 정성스러운 편집과 도움이 되는 조언을 아끼지 않았던 팜파스 박주혜 에디터를 비롯한 여러분에게 감사함과 함께 박수를 보낸다.

끝으로 힘들 때마다 상쾌한 웃음소리로 내 삶의 지평이 되어 준 사랑하는 딸 수민에게 고마움을 전한다.

송영심

목차

제 3 장

주제로 실록 속 조선을 보다

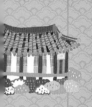

제 1 장

조선을 담다,

조선왕조실록

조선왕조실록,
왜 만들었을까?

　　조선왕조실록은 말 그대로 조선 왕조의 역사적 사실들을
당대인들이 기록한 조선의 대표적인 역사서란다. 조선 시대에는 스마트폰은
물론 녹음기나 카메라가 없었어. 따라서 조선 시대에 있었던 어떤 일을 기록
하기 위해서는 직접 눈으로 본 사실을 붓을 들어 한자로 기록해야 했지. 조선
왕조실록은 조선을 건국한 태조 이성계부터 제25대 왕인 철종 때까지의 역사
를 낱낱이 기록한 방대한 역사책이야. 분량이 얼마만큼 되냐고? 놀라지마. 태
조실록부터 철종실록까지 단 한 권도 분실되지 않고 보존되어 온 정족산본만
해도 1,707권, 1,187책에 달한단다.

　　그럼 실록을 남긴 왕조는 조선 왕조뿐일까? 우리나라에서 처음 실록을 기
록하기 시작한 때는 고려 시대야. 고려 현종 때 황주량이 편찬 책임자가 되어
제1대 태조 왕건에서 제7대 목종까지의 역사를 기록했지만 안타깝게도 현재
전해지지 않고 있지.

　　고려에 이어 조선이 건국된 후 제3대 임금인 태종은 조선왕조실록을 기록

世宗莊憲大王實錄
卷之十八

해 나가기로 결정했어. 그렇다면 왜 실록을 기록하려고 했을까? 유교 국가인 조선에서 '역사는 정치의 거울'이었단다. 선대 왕이 베풀었던 훌륭한 정치를 본받으려면 어떤 정치를 했느냐가 기록되어 있어야 했지. 그래서 실록을 만들기 시작한 거야. 실록은 유교 국가인 조선이 만들어낸 위대한 기록 문화유산이야. 조선인은 유교 국가로서의 긍지를 가지고 조선의 국왕이 펼친 어진 정치와 업적, 사대부의 국정 운영 방향과 시시비비를 공정하게 기록하여 길이 후대에 알리고 전하는 것이 선대인으로서 그들이 마땅히 해야 하는 의무라고 생각했단다.

조선왕조실록의 시작이라고 할 수 있는 태조실록이 처음 완성된 시기는 실록을 편찬하기로 결정한 제3대 태종 때야. 이후로 왕이 돌아가시면 그 다음 왕때 실록청을 설치하여 선왕의 실록을 편찬했지.

중국을 대표하는 역사서인 사마천이 저술한 『사기』나 그 체제를 충실히 계승하여 고려 인종 때 김부식이 기록한 『삼국사기』는 왕을 중심으로 기록하는 기전체라는 역사 서술 방식으로 편찬되었어. 하지만 조선왕조실록은 몇 년 몇 월 며칠에 무슨 일이 있었는지를 기록하는 편년체 방식으로 기록되었지. 흥미로운 것은 혁명에 의해 왕위에서 쫓겨난 임금의 기록은 '실록'이라고 하지 않고 '일기'라고 부르고 있다는 사실이야. 노산군일기, 연산군일기, 광해군일기가 그것이지. 연산군과 광해군은 많이 들어 보았지? 노산군은 누구일까? 바로 세종의 둘째 아들인 수양대군에 의해 왕위를 빼앗긴 후 죽음을 당한 단종이야. 단종은 죽음을 당한 이후 오랫동안 묘호도 갖지 못했을 뿐 아니라 단종실록도 노산군일기라는 이름으로 보관되어 왔지. 그러다가 숙종 24년(1698)에 이르러 비로소 복권되어 왕이 돌아가신 후에 붙여지는 묘호인 단종이라는 칭호를 갖게 되고 노산군일기도 단종실록으로 다시 태어나게 되었단다.

조선왕조실록을 기록한 사람은 누구일까?

조선왕조실록을 기록하는 사람들을 사관이라고 해. 사관은 학식과 재능뿐만 아니라 어떠한 압력에도 굴하지 않고 소신껏 직필할 용기가 있는, 그 어떤 청탁도 뿌리칠 수 있는 청렴결백하고 곧은 사람이 임명되었단다. 그래야 진실을 기록할 수 있기 때문이지. 사관은 8명으로 구성되어 있었는데 이들을 '한림'이라고 불렀어. 한림 8원은 역사 기록을 담당하는 관청인 춘추관에 속하여 국왕의 일거수일투족을 항상 옆에서 따라 다니며 면밀하게 기록했지. 왕이 가는 곳이면 그 어디든지 사관이 따라갔어. 한번은 태종이 노루 사냥을 하러 갔다가 실수로 말에서 떨어지고 말았어. 태종은 부끄러워 이것을 사관이 알지 못하게 하라고 말했는데 심지어 그렇게 말했다고 하는 내용까지 기록했지.

실록의 원고가 되는 사초는 직필이 원칙인 것은 물론 스승이나 부모, 사랑하는 연인에게도 절대 보여주지 않도록 되어 있었어. 물론 국왕이라도 절대 그 내용을 보지 못하도록 했지. 그렇게 해야 기록의 공정성과 객관성이 지켜질 수 있기 때문이야. 조선 최고의 성군이라는 세종은 이 원칙을 어기고 태종 실록의 내용을 들여다보려고 하다가 결국 포기해야 했는데, 사관들은 그런 내용까지 남김없이 기록해 놓았지. 조선의 국왕 중 폭군 중의 폭군이었던 연산군은 성종실록의 내용을 보지 말아야 함에도 불구하고 김일손 사관이 기록한 사초 내용을 기어코 보고 말았지. 그러고는 김일손의 스승인 김종직을 비롯한 사초 내용에 연관되어 있는 사림 세력을 죽음에 몰아넣는 무오사화를 일으키기도 했어. 연산군이 쫓겨난 후 연산군 일기로 기록된 실록에는 그 당시의 상황이 잘 나타나 있는데, 연산군이 김일손 사관이 쓴 사초 내용 전부를 보려하자 실록청의 당상관들이 사초는 절대 국왕이 볼 수 없다고 하면서 문제가 된 내용인 여섯 곳만을 잘라서 보여주었다고 적고 있지.

사초는 크게 '입시사초'와 '가장사초'로 나뉘어져. 말이 어렵지? 쉽게 풀어서 설명해 볼게. 신하가 국왕을 옆에서 모시고 있는 것을 한자어로 '입시(入侍)'라고 해. 입시사초란 사관이 국왕 옆에 함께 참석해 있을 때 기록하는 사초를 말하지. 이에 비해 사관이 퇴청을 한 후 집에 가서 내용을 정리하며 자신의 생각과 사론을 정리해 두는 것을 '가장사초(家藏史草)'라고 한단다. 실록에 보면 '사론(史論)'이라고 해서 '사관은 말한다(史臣曰).'라는 부분이 곳곳에 있는데 이것이 바로 가장사초의 내용을 가져온 부분이야. 가장사초는 왕이 승하한 후 춘추관에 제출하도록 되어 있었는데 조선 중기 이후에는 누가 썼는지를 분명히 하기 위해 가장사초에 제출자의 이름을 써내는 사초실명제를 실시하기도 했단다.

서울에 공기 좋고 물 맑은 곳에 위치한 '세검정(洗劍亭)'이라는 정자가 있어. 이곳의 이름이 '세검정'이 된 것은 실록 편찬에 사용되었던 종이에 적혀 있던 내용을 이곳에서 물에 말끔히 씻어 지웠기 때문이야. 작가가 글을 쓸 때도 원고 초본이 있고 편집한 원고가 있듯이, 실록에 넣기 위해 낭청으로 부르는 당하관 관리들이 편찬한 원고 초본은 초초라고 하고 그 내용을 다시 정서하고 교정한 것을 중초라고 해. 그리고 완성된 실록에 싣게 되는 원고를 정초라고 하지. 이중에서 초초와 중초의 내용이 담겨있던 종이를 씻어 바위에 말린 다음 종이를 생산하는 관청인 조지서로 보내져 재활용하는 종이로 재생산되었어. 세초를 했다는 것은 이제 실록이 완성되는 단계에 접어든 것을 말하므로 임금은 그동안 실록을 엮기 위해 많은 노력을 기울인 실록청 관리들을 격려하는 연회를 베풀어 주었어. 세초연이라는 행사가 그것이야. 이러한 내용을 통해 한지의 우수성을 알 수 있을 뿐 아니라 선열들이 물품을 검소하게 절약해서 사용했던 전통을 잘 알 수 있단다.

조선왕조실록은 어떻게 만들었고 또 보관했을까?

이번엔 실록이 어떤 과정을 거쳐 만들어지는지 알아볼까?

실록의 가장 중요한 원고는 사관이 작성한 사초야. 사관은 퇴청하기 전에 왕 옆에 입시해서 적은 입시사초를 춘추관에 제출했지. 춘추관은 입시사초와 관련 자료를 함께 한 달 단위로 엮은 기록인 '시정기'를 만들어 두었어. 이것이 조선왕조실록의 기본 자료가 된 거야. 시정기 외에도 국왕의 비서기관인 승정원에서 매일 매일 작성하는 『승정원일기』와 날씨의 변화를 기록한 『관상감일기』가 실록을 편찬하는데 중요한 자료가 되었어. 조선 후기에는 국가 최고 권력기구였던 비변사의 『비변사등록』과 정조 이후 작성하였던 『일성록』 등도 실록 편찬에서 빼놓을 수 없는 중요 자료가 되었고 말이야.

국왕이 세상을 떠나면 곧바로 춘추관에서 임시 관청인 실록청을 설치했어. 실록청의 최고 책임자에는 삼정승 가운데 한 명이 임명되어 총재관이라고 불렸지. 총재관이 근무하는 곳을 도청이라고 했는데 그 아래 관서로 방이 있어 이곳에서 일차 원고인 초초를 작성했어. 이렇게 방에서 완성된 원고는 이제

도청으로 넘겨져 당상관들이 모여 세밀하게 검토하고 보완하여 중초를 완성시켰지. 자, 이 과정만 보아도 실록에 들어가는 최종본인 정초가 완성될 때까지의 작업이 얼마나 세밀하고 엄정하게 진행되는지 알 수 있겠지?

이렇게 완성된 실록은 임진왜란 전까지는 각 4부씩 금속활자로 인쇄하여 실록을 보관하는 창고인 4곳의 사고에 보관했단다. 춘추관, 충주, 전주, 성주가 그곳이야. 하지만 이를 어쩌나! 임진왜란 때 그만 전주 사고본만 남고 모두 불에 타고 말았어. 그런데 전주 사고본이 보존된 것은 결코 우연이 아니야. 전주 유생 손홍록과 안의는 자신이나 가족의 안전을 지키기보다는 목숨을 걸고 그 무거운 역대 국왕의 실록들을 지게에 짊어지고 깊은 산속에 실어 날랐거든. 실록들을 선조가 피신해 있는 의주 근처 묘향산 보현사 별전으로 옮기기 전까지 그들이 1년여 동안 교대로 동굴을 지키며 정성을 다해 보존했단다. 교과서에는 이름도 나오지 않는 선비들이지만 이런 분들이 있었기에 우리의 자랑스러운 문화유산이 지켜질 수 있었단다.

전쟁 후 조선왕조실록을 전쟁과 재난에서 구하기 위하여 춘추관 사고를 제외하고는 모두 깊은 산속에 사고를 만들어 보존했어. 오대산 사고, 묘향산 사고, 태백산 사고, 마니산 사고인데 이 사고들을 지키기 위한 수호사찰까지 지정되었지. 아니나 다를까, 염려가 현실이 되어 한양에 보관되어 있던 춘추관 사고본은 결국 1623년 이괄의 난 때 불타버리고 말았어. 한편 산으로 올라간 사고 중 묘향산 사고본은 청의 침입에 대비하기 위해 전라도의 적상산으로 옮

강화 정족산 사고지

겼고, 강화도의 마니산 사고는 병자호란으로 크게 파손되자 그 옆의 정족산으로 사고를 이전했어. 이렇게 하여 실록은 오대산, 적상산, 태백산, 정족산 사고에서 조선이 멸망할 때까지 보존되었단다.

하지만 조선 말의 일제강점기는 이렇게 정성껏 조선왕조실록을 보존해온 사고에도 수난을 안겨주었지. 일본이 오대산 사고에 보관해온 조선왕조실록 전부를 일본으로 반출하여 동경대학교로 가져갔기 때문이야. 이 사고본은 안타깝게도 1923년 일본에 관동 대지진이 일어나자 한 줌의 재로 변하고 말았지. 당시 몇 권을 교수가 연구를 위해 대출했었는데 그것이 최근에 반환되기도 했어. 한편 정족산 사고본은 경성제국대학으로 옮겨졌다가 해방이 되면서 서울대학교 규장각에서 보존하게 되었고 태백산 사고본은 정부기록보관소

(부산)에 보관되어 있어. 다만 적상산 사고본만 6.25 전쟁 때 북한이 가져가서 1981년에 우리보다 먼저 한글 번역본을 완역해 냈지. 남한에서도 1968년부터 번역에 착수하여 1993년, 무려 25년의 세월이 지난 후 완역을 해냈어. 지금은 조선왕조실록 홈페이지(http://sillok.history.go.k)에 공개되어 국민 누구라도 그 내용을 자유롭게 살펴볼 수 있단다.

조상이 남긴 삶의 숨결, 조선왕조실록의 가치를 말하다

조선왕조실록에는 500여 년간의 우리 선조들의 삶과 숨결이 살아 숨 쉬고 있어. 붓에 먹물을 흠뻑 묻혀 달필로 글을 써 내려간 사관들은 지성과 학식, 비판력과 예지력으로 당대사를 진실되게 기록하려고 노력했어. 그들의 열과 성을 다한 기록으로 조선왕조실록은 조선 시대의 모든 것을 담은 거대한 타임캡슐이 되었단다. 실록 속에는 조선 시대에 살았던 사람들의 삶과 정치, 경제, 사회, 문화, 종교, 풍속, 예술 등 모든 것이 담겨있지. 우리는 실록을 통하여 선조들의 삶의 향기를 가슴으로 느껴볼 수 있어. 그들의 웃음과 기쁨, 비탄과 슬픔, 증오와 한숨이 실록의 장을 넘길 때마다 우리들에게 다가와 마치 파노라마를 보듯이 눈앞에 펼쳐진단다.

역사는 그들의 역사이기도 하지만 그녀들의 역사이기도 해. 그동안 남성의 역사 속에 매몰되었던 여성사도 조선왕조실록에서는 쉽게 찾아낼 수 있어. 춘추관은 실록에 실리는 여성의 기록을 위해 궁중 여성의 일을 전문으로 보고 받는 여사(女史)까지 두었지.

세계적으로 유명한 왕실의 기록은 중국이 청나라 시대에 기록한 대청역조실록(大淸歷朝實錄)으로, 296년간의 역사가 기록되어 있어. 그런데 조선왕조실록은 그보다 더 오랜 세월인 472년간의 역사를 기록해 놓았지. 이는 중국의 기록을 가뿐히 넘으면서 중국, 일본, 베트남 등에서 기록한 실록 중 가장 오랜 기간에 걸친 세계 최장의 기록을 갖고 있단다. 또 2,964권의 방대한 기록으로 이름난 중국의 황명실록(皇明實錄)은 기록한 내용이 비교적 간략하여 1,600만 자에 지나지 않지만, 조선왕조실록의 1707권에 담긴 글자 수는 6,400만 자에 달하여 황명실록의 기록과 비교할 수 없이 방대한 내용을 기록하고 있지.

　그 방대한 기록에는 과연 어떠한 내용들이 있을까? 조선왕조실록에는 국왕이 내리는 명령인 전교와 어록은 물론 왕과 신하와의 대화, 조정 대신들끼리의 논쟁, 유생들이 올린 상소, 민중에서 유행하는 시조, 궁궐 연회와 무용, 음악, 음식, 예절, 관혼상제 예식에 대한 기록, 천문, 지리, 과학, 의학적인 자료와 동북아시아의 외교관계에 이르는 조선사에 대한 총체적인 정보가 담겨 있어. 그야말로 민족백과사전이라고 할 수 있지. 또 앞에서 말한 바와 같이 국왕이라도 사관의 기록을 함부로 볼 수 없는 원칙을 잘 지켜나갔기 때문에 기록이 엄중하며, 거짓을 배제하고 진실만을 기록하려고 한 흔적이 역력하지. 하지만 정권이 바뀌는 등 정치적인 이유에 따라 이미 편찬된 실록이라도 내용을 수정하거나 빠진 내용을 보충하고 틀린 내용을 고쳐 넣는가 하면(보궐(補闕)), 전면적으로 다시 편찬하기도 했어. 이런 실록들에는『선조수정실록』,『현종개수실록』,『숙종실록보궐정오(肅宗實錄補闕正誤)』,『경종수정실록』등의 명칭을 붙였지. 그렇다하더라도 원래 편찬된 실록을 파기하는 것이 아니라 후대인들을 위해 비교해보라고 함께 보관했으니 정말 그 판단이 현명하고 가치 있지 않니?

이렇게 중요한 기록이 가득하기 때문에 유네스코는 1997년에 조선왕조실록을 세계기록문화유산으로 지정하였어. 세계에서 가장 오랜 기간 동안 기록된 방대하고 객관적인 실록을 보유하고 있다는 것에 대해 우리 모두 긍지와 자부심을 가져야 해.

알아 두면 더 좋은 이야기 역사를 기록하는 관청, 춘추관

고려 때부터 역사를 기록하는 관청을 춘추관이라고 했어. 춘추관의 사관은 전임 사관과 겸임 사관으로 구성되어 있었지. 전임 사관은 앞에서 말한 바 있는 한림 8원을 말해. 앞에서도 말했지만 한림 8원은 아무나 되는 것이 아니야. 학식과 재능을 겸비한 사람일뿐 아니라 선배 사관의 추천을 받아야 가능했는데 이것을 한천(翰薦)이라고 했어. 그리고 겸임 사관이란 원래 직함이 있는데 춘추관 업무도 함께 보는 사람들이야. 춘추관의 가장 높은 관직인 영사는 삼정승 중 한 명이 겸임하고, 영사 아래에는 정3품 상위 이상의 고위 관리인 당상관이 겸임을 하여 감사, 지사, 동지사 등을 맡았어. 춘추관의 실무는 편수관, 기주관, 기사관 등의 정3품 하위 이하 관리인 당하관이 맡아서 했어. 이러한 겸임 사관의 수는 60명 내외였다고 해.

국왕이 세상을 떠나면 곧바로 실록청이 설치되고 본격적인 춘추관 업무가 수행되었어. 실록청에 설치된 도청 아래 각 방(房)을 두고 분업 체제로 실록 편찬 책임을 맡겼지. 방은 1~6개 정도가 설치되었지. 방의 숫자가 정해지면 왕의 재위년을 방의 개수대로 나누어 한 방당 할당되는 재위년도가 고르도록 했어. 그래야 동시 작업으로 실록을 효율적으로 편찬할 수 있기 때문이란다.

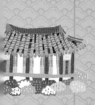

제 2 장

조선의 왕들을

만나다

<조선 왕조 계보도>

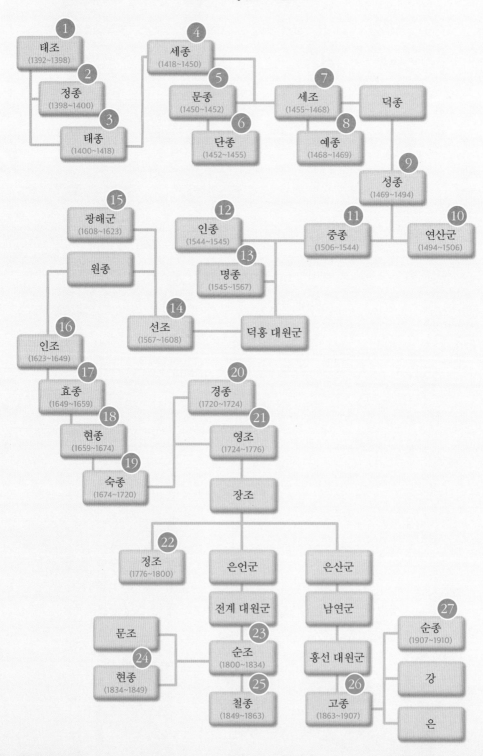

조선을 견국한 태조 이성계,
형제들의 싸움에서 승리하여
왕이 된 태종

조선왕조실록은 말 그대로 조선의 왕조를 이룬 왕들의 이야기를 주로 담고 있지. 조선의 왕들은 제1대 태조부터 제27대 순종까지 이어진단다. 그 중 중요한 업적을 남긴 임금이나 큰 사건과 함께한 임금들의 이야기를 알아볼까?

조선을 건국한 국왕은 태조 이성계야. 하지만 조선이 국가로서 갖추어야 할 기본 틀을 짠 사람은 신진사대부 중 급진 개혁파이던 삼봉 정도전이지. 그의 추천에 따라 태조 이성계는 조선의 새로운 도읍지로 한양을 선택하게 되었단다. 그 일을 한 사람은 무학대사가 아니냐고? 사실 무학대사는 조선왕조실록엔 거의 언급되지 않아. 무학대사

조선 태조 어진

가 이성계의 스승이었던 것은 맞지만 그와 관련한 이야기들은 어디까지나 민간에서 전해 내려오는 야사일 뿐이란다. 조선의 정궁인 경복궁과 사대문, 사소문의 이름까지도 모두 정도전이 지은 거야. 정도전은『시경』에 나오는 '군자 만년 개이경복(君子萬年 介爾景福, 군자는 만년토록 큰 복을 누리시라)'이라는 글에서 경복궁의 이름을 가져왔지.

이렇게 정도전의 보필을 받아 태조 이성계가 세운 조선의 도읍인 한양은 경복궁을 중심으로 그 왼편에 왕실의 사당인 종묘를, 오른편에는 토지와 곡식의 신에게 제사를 지내는 사직단을 세워 도읍지로서의 위엄을 갖추었단다. 사실 태조 이성계가 왕위에 있었던 시기는 얼마 되지 않아. 고작 6년간일 뿐이야. 그러나 이 시기는 조선의 국가 규범과 통치원칙이 정해지는 중요한 시기였지. 이때부터 조선은 고려가 믿어왔던 불교 대신에 유교를 높이 받들어 성리학의 나라가 되었어. 또 대외관계에서 있어서는 명을 큰 나라로 모시면서 사대하고 여진과 일본은 강경하게 진압하거나 회유하는 정책을 내세웠지. 이러한 외교 정책을 사대교린 정책이라고 해. 그런 가운데서도 정도전은 요동을 정벌하는 계획을 세우기도 했지. 경제적으로는 모든 산업 중에서 농업을 가장 중요시하는 농본민생정책을 통해 백성의 생활을 안정시키려고 했단다.

그런데 한양이 조선의 수도로 진짜 확정된 것은 3대 태종 때에 이르러서야. 2대 정종 때는 제1차 왕자의 난이 일어나서 개경으로 다시 천도를 했기 때문이란다. 3대 임금인 태종은 태조의 장남이 아니라 다섯 번째 아들이야. 어떻게 다섯 번째 아들이 왕이 될 수 있었을까?

태종의 이름은 바로 이방원이야. 사극 드라마를 통해 익히 들어본 적이 있을 거야. 그는 피바람을 일으켜 조선을 건국한 일등공신이었어. 신진사대부이면서 고려 왕실을 끝까지 지키려고 했던 정몽주를 하수인을 시켜 선죽교에서 격살한 사람이기도 하지. 이방원은 두 차례나 왕자의 난을 일으켰어. 첫 번째는 1398년에 일어난 제1차 왕자의 난이고 두 번째는 1400년에 일으킨 제2차 왕자의 난이란다.

이방원의 아버지인 태조 이성계에게는 부인이 둘이나 있었어. 소위 조강지처라고 할 수 있는 한씨 부인과 유력한 가문 출신으로 개경에서 이성계의 출세를 도왔던 강씨 부인이야. 이성계는 고향 함흥에서 조상에게 제사를 지내고 부모를 모시며 6남 2녀의 어린 자식들을 키워 준 조강지처보다 개경에서 교양 있고 슬기롭게 행동하며 그의 출세를 물심양면으로 도와준 강씨 부인을 더 사랑했어. 조선이 건국되기 한 해 전, 신의왕후로 추존된 한씨가 눈을 감자 조선의 첫 왕비는 영광스럽게도 신덕왕후 강씨가 되었지. 그러나 그것이 결국 제1차 왕자의 난을 일어나게 만들었어. 태조 이성계가 정도전의 적극 추천을 받은 신덕왕후의 둘째 아들인 방석을 후계자인 세자로 정해버렸거든. 생각해 봐. 방석 위에는 멀쩡한 형들이 여섯 명이나 있고 그 중에서도 이방원은 조선 건국에 앞장선 일등공신인데 가장 어린 막냇동생이 왕위 계승자가 된다니 얼마나 분했겠어? 그런데다가 정도전은 어린 세자를 보필하여 신하들의 지혜로운 정치로 나라를 다스리는 신권이 강한 조선을 원했지.

이방원은 이런 정도전을 용서할 수 없었어. 그래서 제1차 왕자의 난을 일으켜 방석과 그의 형인 무안대군 방번, 그리고 정도전까지 모두 죽여 버리고 자신의 둘째 형인 방과를 왕위 계승자로 만들었지. 첫째 형 방우는 일찍 세상을 떠났기 때문이야. 그런데 왜 또 제2차 왕자의 난이 일어나는 것일까? 제2차 왕자의 난은 태조 이성계의 넷째 아들인 방간과 다섯째 아들인 방원의 다툼이었어. 물론 승리는 우세한 군사력을 소유하고 있던 이방원의 승리였지. 그는 드디어 제2대 임금인 정종의 뒤를 잇는 동생이라는 뜻의 '세제'가 되어 조선의 제3대 임금이 된 거야. 여기에서 흥미로운 사실은 배다른 이복형제들은 모두 죽여 버렸던 그가 부모가 같은 동복 형제인 방과는 먼 변방으로 유배만 보냈다는 것이지. 자비라곤 없을 것 같은 이방원에게도 형제에 대한 우애가 조금은 남아있었던 모양이야.

이렇게 왕위에 오른 태종은 신권을 누르고 직접 신하들을 다스리며 강력한 왕권을 내세워 조선의 국가적 기틀을 튼튼하게 만들었어. 조선왕조실록도 태종 때 처음 태조실록이 완성되면서 이 세상에 모습을 드러냈지. 태종은 여러 가지 훌륭한 업적을 많이 남겼어. 의정부와 6조의 중앙정치제도를 갖추었고 왕이 직접 6조의 장관을 통괄하는 6조 직계제를 행했지. 군역을 부과하기 위해 현재의 주민등록법이라고 할 수 있는 호패법을 실시하였고 사병을 혁파하여 병권을 국왕에 집중시키는가 하면, 신문고를 설치하여 억울한 백성들의 사정을 들어주려고 했지.

조선 최고의 성군 세종,
조선의 문물을 완비한 성종

제4대 임금인 세종대왕은 태종의 셋째 아들로, 조선 역사상 최고의 성군으로 손꼽히는 국왕이야. 서울에만 보아도 세종문화회관, 세종로, 세종대학교 같이 도처에 세종대왕을 기리는 이름이 붙어있지. 심지어 유네스코가 세계에서 문맹퇴치에 노력한 사람들에게 주는 상 이름이 '세종상'일 정도야. 백성을 사랑하는 민본정치와 군자가 행하는 왕도정치를 실천에 옮긴 세종대왕의 업적은 책 한 권에 써도 다 쓰지 못할 만큼 방대하지. 가장 위대한 업적만 들어본다면 역시 훈민정음의 창제와 4군과 6진을 개척하여 오늘날의 국경선을 확보하게 만든 것, 그리고 장영실을 등용하여 세계 최초로 측우기를 만들게 한 것을 들 수 있어. 측우기뿐이겠어? 해시계, 물시계, 역서인 『칠정산』 내외편에 수록된 달력과 간의, 혼천의 등 천체 과학기구도 만들게 했지.

세종대왕이 이토록 훌륭한 업적을 남기게 된 것은 집현전을 두어 능력 있는 젊은 관료들을 선발한 후 그들에게 훈민정음을 해제하는 작업을 시키고,

정책 연구는 물론 역사, 지리, 농업, 의학 등 각 분야의 전문 서적을 편찬하게 한 덕분이야. 우리나라 최초의 국문학 작품인『용비어천가』도, 유네스코에 의해 세계기록문화유산으로 지정된 훈민정음 해례본도 모두 집현전 학사들이 편찬한 책이지. 특히 세종의 명으로 편찬하기 시작한『농사직설』은 농민들에게 직접 얻은 농사 정보를 모은 우리나라 최초의 농업 관련 책이란다.

정치 부분에서는 황희와 맹사성 등 명재상의 능력을 믿고 태종이 실시했던 6조 직계제 대신에 의정부 서사제를 실시했어. 의정부 서사제란 왕의 권한을 의정부에 많이 넘겨주어 그들이 주요 정책을 결정하도록 한 거야. 그러면서도 중요한 핵심적인 결정, 이를테면 4군과 6진을 개척하는 일 등은 왕의 결정에 의해 집행되도록 해서 왕권과 신권의 조화를 꾀하였지. 세종은 비록 말년에는 불교에 귀의했지만 모든 국가 행사를 주자가례에 의한 유교의식으로 치르게 해서 유교 윤리가 조선의 사회 윤리로 자리 잡게 했어.

세종은 학문을 너무 좋아했기 때문에 몸은 비대하고 당뇨병을 앓았으며 항상 책을 보다보니 안질로 고생이 심했지. 그가 가장 못하는 일이 말을 타고 사

『삼강행실도』

냥을 하는 등의 움직이는 일이었단다. 그렇다 보니 세종의 업적 중에 이종무를 시켜 왜구의 소굴인 쓰시마를 정벌하게 한 일이 있는데, 이것은 세종이 행한 것이 아니라 그때까지 상왕으로서 막강한 군사력을 휘두르고 있었던 태종이 추진한 일이었지. 이렇듯 학문과 문화에 관심이 많았던 세종 때는 집현전 학사들의

노력으로 『농사직설』, 『삼강행실도』, 『의방유취』, 『향약집성방』, 『팔도지리지』 등 명저서들이 쏟아져 나왔어. 그뿐이 아니야. 세종은 절대음감을 갖고 있어서 박연을 코치하여 궁중음악인 아악을 정리하게 했단다.

뒤이어 왕위에 오른 문종은 학구적인 모습이 세종을 빼닮았지. 창의력도 반짝여서 조선왕조실록에 의하면 측우기를 처음 생각해 낸 것이 세자였던 문종이라고 해. 그것을 장영실이 실제 과학기구로 현실화시킨 것이지. 그러나 문종은 몸이 허약하여 일찍 눈을 감고 어린 세자가 왕위에 올라 단종이 되었지. 세종과 문종은 항상 형제 중 둘째인 수양대군을 걱정했어. 그는 야심이 많아서 왕이 되고 싶어 했거든. 그래서 문종은 어린 세자를 생각해서 성삼문이나 신숙주 같은 집현전 학사들에게 세자를 잘 보살펴 달라고 했고, 6진을 개척한 명장 김종서와 황보인을 원임 대신으로 삼아 단종을 보필하도록 했어. 그런데 어쩌지? 아니나 다를까 수양대군이 1453년에 김종서와 두 아들을 죽이고 황보인과 안평대군을 비롯한 왕을 보필하고 있는 사람들을 죽이거나 유배 보내는 계유정난을 일으킨 거야. 정권을 잡은 수양대군은 결국 조카를 윽박질러 왕에서 물러나게 하여 억지로 상왕으로 만들고 자신이 제7대 임금인 세조가 되었어. 충신 성삼문, 박팽년 등의 사육신은 죽음을 무릅쓰고 단종 복위운동을 준비하다가 같은 집현전 학사 김질의 밀고로 발각되어 처참한 죽음을 당하지. 가시방석 같은 상왕 자리에 앉아 있던 단종도 하루아침에 노산군 신세가 되어 영월의 청룡포로 유배를 가게 돼. 그런데 다른 숙부인 금성대군이 또 한 번의 복위 운동을 일으켰다가 탄로가 나는 바람에 단종은 죽음을 당해 시신은 강물에 던져지고 말았단다. 왕이 죽으면 얻게 되는 시호도 없어서 수백 년을 노산군으로 불리다가 숙종 때 이르러 비로소 '단종'이라는 시호를 얻게 된단다.

태종이나 세조나 자신들의 피붙이도 눈 깜짝 안하고 죽이는 사람들이니 그 밑의 신하나 백성들이 얼마나 무서워서 벌벌 떨었겠어? 이런 왕들의 공통점은 강력한 왕권을 휘두른다는 거야. 그래서 세조도 태종만큼 강력한 왕권을 휘둘러 의정부 서사제를 다시 6조 직계제로 고치고, 집현전 출신의 신하들이 그에게서 등을 돌렸다는 이유로 집현전까지 없앴지. 나중에 아쉬운 마음에 이름만 홍문관으로 바꾸어 슬쩍 부활시키기는 했지만 말이야. 그러고는 관리에게 나누어 줄 토지가 모자라다면서 현직 관리에게만 토지를 나누어 주는 직전법을 실시했어. 하지만 그 이면에는 퇴직한 집현전 학사나 자신에게 충성 바치기를 거부하는 퇴직 관료들의 경제권을 박탈하려는 정치적 의도도 있었지. 태조나 태종같이 활을 잘 쏘고 무술도 뛰어났던 세조는 동북 지역에서 일어난 이시애, 이징옥의 난도 평정시켰어. 그리고 조선을 유교적 법치국가 자리에 올려놓은 경국대전의 편찬을 시작하지.

세조의 뒤를 이은 임금 중에 세종만큼이나 뛰어난 업적을 이룩한 임금이 있어. 그는 제9대 임금인 성종이야. 성종 때는 민족문화의 황금기였어. 문물제도가 완비되고 경국대전이 완성되는가하면, 왕과 신하가 정책을 토론하고 심의하며 함께 공부해 나가는 경연을 개최하면서 집현전의 뒤를 이은 홍문관에 국왕을 자문하는 역할을 부여했어. 홍문관은 관리를 감찰하는 사헌부와 왕의 잘못을 간하는 사간원과 함께 '삼사'로 불리면서 엄중한 언론의 역할을 수행했지. 때문에 권력 기구라고 할 수 있는 의정부와 6조의 관리들과 대립했어. 성종의 재위 중에는 커다란 정치적 흐름이 시작되기도 했지. 참신한 인물을 찾던 성종은 사림파의 거두인 김종직을 중용하면서 그의 후학들이 정계에 들어오게 되었어. 이때부터 조선 초부터 권력을 행사하고 있던 훈구파와 성종 이후 새롭게 등단한 사림파가 날카로운 대립을 하기 시작한단다.

사화를 일으킨 폭군 연산군,
실리 외교를 펼친 도덕적 패륜 군주
광해군

성종 때 시작된 훈구파와 사림파의 갈등은 결국 선비들을 대거 죽음으로 몰아넣는 사건들을 일으키게 되는데, 그것이 바로 선비들이 화를 입었다는 뜻에서 이름이 붙여진 '사화'야. 조선을 통틀어 폭군 중의 폭군이라는 연산군 때 무오사화와 갑자사화가 일어났고 중종 때는 기묘사화, 그리고 명종의 어머니인 문정왕후가 수렴청정을 하던 시기에 을사사화가 일어났어. 4차례의 사화 과정 중에서 무오사화는 사림파의 김종직이 쓴 '조의제문'이라는 글이 발단이 되었어. 그는 중국 초패왕인 항우에 의해 억울한 죽음을 당한 의제를 조문하는 글을 지었는데, 이 글이 세조의 계유정난을 비판했다고 하여 김종직은 연산군의 명으로 무덤에서 꺼내져 목이 잘려 나가는 수난을 겪었단다. 또 그의 글을 사초에 넣었던 김종직의 제자인 김일손 등은 억울한 죽음을 당했지.

그리고 갑자사화는 연산군이 자신의 어머니인 폐비 윤씨를 죽게 만든 대신들을 몰살시킨 사화인데, 이로 인해 심지어 세조의 계유정난을 기획할 만큼 막강한 실력자이자 오랫동안 권세를 누렸던 한명회까지 부관참시를 당했지.

이후 중종 때 일어난 기묘사화에서는 청렴하고 강직했던 도학 정치가 조광조가 훈구파들이 중종 반정 과정에서 국가 재정을 축내는 것을 막으려다가 그들의 반격을 받아 억울한 죽음을 당하기도 했어. 참, 여기에서 반정이란 군사를 일으켜 새로운 임금을 세우는 것인데, 조선에서 반정으로 왕위에 오른 사람은 연산군이 쫓겨난 후에 임금이 된 중종과 광해군이 쫓겨난 후에 왕위에 오르는 인조 두 사람이 있어.

광해군과 연산군이 폭군으로 묘사되긴 하지만 연산군이 말 그대로 폭군이라면, 광해군은 현명한 중립 외교로 조선을 전쟁 위험에서 구출한 능력 있는 임금이라고 할 수 있어. 하지만 북인 정권을 수립한 사람들이 후궁의 아들인 광해군의 왕 자리를 지키기 위해 무리하게 배다른 어린 동생인 영창대군을 죽이고 영창대군의 어머니인 인목대비를 서궁에 유폐시키는 바람에 광해군은 임금 자리에서 쫓겨나게 된 거란다.

임진왜란을 겪은 선조, 병자호란을 겪은 인조

조선은 500여 년의 역사 동안 임진왜란과 병자호란이라는 큰 전쟁을 겪었어. 임진왜란은 선조 때 일본의 침입으로 일어나 장장 7년 동안 조선을 큰 고통에 빠트리지. 이순신 장군이나 곽재우 장군 같은 의병이 아니었다면 일본에게 국토를 완전히 빼앗겼을지도 몰라. 임진왜란에 이어 일본이 다시 쳐들어온 정유재란 때 일어난 노량해전에서 안타깝게도 이순신 장군이 전사하고 또 임진왜란을 일으켰던 도요토미 히데요시도 세상을 떠나면서 정유재란은 끝이 났어. 하지만 이 때문에 조선은 국가 재정이 파탄이 나고 조선왕조실록을 보관하던 사고와 경복궁, 불국사가 불타는가하면 신분제도가 붕괴되는 등 막대한 손실을 입었어. 당연히 일본과의 국교도 단절되었지.

그러다가 일본에서 조선에 온건한 입장을 가진 도쿠가와 이에야스에 의해 에도 시대가 시작되면서 국교를 재개해 달라는 적극적인 요청이 들어왔어. 이에 광해군 때 포로 반환을 조건으로 일본과의 국교가 다시 시작된단다. 이때 일본에 건너간 수백 명에 달하는 대규모 사절단을 통신사라고 부르지. 앞에서도 말했듯이 광해군은 외교적인 면에서는 탁월한 군주였어. 여진족이 만주에 세운 후금과 명나라 사이에서 아슬아슬한 줄타기를 하면서도 현명하고 실리적인 중립 외교로 전쟁의 위기를 잘 피해갔기 때문이야. 그러나 도덕적으로는 어머니와 동생을 희생시킨 패악한 군주여서 서인들에 의해 쫓겨났지.

광해군에 이어 인조를 왕에 올린 서인들은 명분과 의리를 최우선으로 생각하는 사람들이어서 멸망해 가는 명을 받들고 하루가 다르게 강해지는 금은 배척하는 친명 배금 정책을 주장했어. 그러다가 결국 후금의 대대적인 침입을 받게 되지. 후금은 광해군을 위하여 보복한다는 명분을 내걸고 전쟁을 일으켰는데 이것이 1627년에 일어난 정묘호란이야. 조선은 형제관계를 맺겠다며 겨우겨우 후금을 달래서 물러나게 했지. 그런데 후금은 더 강해져서 국호도 청이라 고친 다음 조선에 군신관계를 요구했고 조선의 서인 정권이 이를 거부하자 다시 대군을 이끌고 침입해 왔어. 이것이 1636년에 일어난 병자호란이지. 아마 일제에 의해 강제 퇴위당한 고종을 제외하고 조선 역사상 인조만큼 치욕을 겪은 임금은 없을 걸. 그는 지금의 석촌 호수인 삼전도에서 임금이 입는 곤룡포가 아닌 낮은 신하들이 입는 푸른 융복을 입고 나가 여진족의 풍습대로 거만하게 앉아 있는 청나라 태종에게 삼배구고두례를 올렸어. 삼배구고두례란 한번 절할 때마다 세 번 고개를 조아리는 큰 절이란다. 이것을 '삼전도의 굴욕'이라고 해. 삼전도의 굴욕을 당한 후 조선은 엄청난 배상금과 함께 소현세자, 봉림대군, 3정승 6판서의 자제와 20만여 명을 인질로 청에 보내야 했어. 소현세자는 인질 생활 9년 만에 풀려나 돌아와서 청의 실용적인 문물을 받아들이려고 하다가 인조의 눈 밖에 났지. 그런데 이러한 상황에서 공교롭게도 귀국한지 얼마 안 되어 눈을 감고 말았단다. 그래서 그가 병사한 것이 아니라 독살된 것이라고 주장하는 학자들도 있어.

인조의 뒤를 이어 임금이 된 사람은 인질 생활로 청에 대한 사무치는 원한을 가지고 있었던 효종이야. 그는 스승인 송시열, 이완 대장과 함께 어영청을 중심으로 만주를 정벌하고자 하는 북벌을 계획했어. 하지만 북벌의 기회를 얻지 못하고 러시아의 군대를 막아 달라는 청의 강요에 조총 부대를 두 차례나 흑룡강가에 파견하여 승리를 거두기도 하지. 이것을 나선 정벌이라고 해.

05

세 차례나 정권을 바꾸어 버린 숙종, 탕평책을 펼친 영조

한편 현종 이후 숙종까지는 붕당끼리의 싸움이 매우 심했어. 광해군과 함께 북인이 몰락한 다음엔 오늘날의 양당 체제처럼 서인과 남인이 티격태격하며 정권 다툼을 했지. 그러는 가운데 효종의 어머니인 자의대비가 상복을 입는 기간 문제를 두고 왕권과 신권의 힘겨루기가 벌어져. 한번은 서인이 이기고 한번은 남인이 이겼는데 이것을 예송논쟁이라고 해. 겉으로는 상복 입는 기간을 놓고 싸우는 것 같지만 실은 효종의 왕위 계승에 대한 정통성을 두고 서로 주장을 펼친 거였지. 처음 벌어진 논쟁인 기해예송에서 서인이 이긴 것은 신권이 갓 왕에 오른 현종보다 셌기 때문이고, 그 다음 갑인예송에서 남인이 이기게 된 것은 현종의 왕권이 신권을 이길 정도로 세졌다는 것을 의미하지.

현종의 뒤를 이은 숙종은 왕권이 강력해서 신하들을 입맛대로 바꿔버리며 정국을 세 번이나 휘몰아치게 만들었는데 이것을 '환국'이라고 해. 그중 기사환국은 서인들이 받드는 인현왕후 대신 숙종이 총애하던 희빈 장씨가 아들을 낳자 숙종이 너무 기쁜 나머지 왕위를 계승하는 원손으로 봉하려고 한 것이 발단이야. 서인들은 인현왕후가 아직 젊어 충분히 원손을 낳을 수 있다고 결사반대를 했어. 이에 화가 머리끝까지 난 숙종이 서인의 우두머리인 송시열을 유배 보냈다가 이내 사약까지 내리고 남인들을 기용한 정국을 말하지. 하지만 숙종이 인현왕후를 내친 것을 후회하면서 폐비 민씨(인현왕후) 복위운동을 벌인 사람들을 벌주자는 남인들을 다시 내치고 서인들을 불러들이니 이것이 갑술환국이야. 갑술환국 후 희빈 장씨는 인현왕후를 향해 갖은 저주와 푸닥거리를 한 것이 들통 나 비참한 죽음을 당하게 되지.

희빈 장씨의 소생으로 숙종의 뒤를 이어 왕이 된 경종은 몸이 허약할 뿐만 아니라 왕권도 약했어. 때문에 서인이 다시 두 개의 파로 갈라진 형태의 노론과 소론이 엎치락뒤치락 하며 서로 죽기를 각오하고 당파 싸움을 가장 심하게 했지. 경종의 뒤를 이어 왕이 된 숙종의 아들이며 경종의 배다른 동생인 영조는 이러한 붕당 싸움을 없애기 위해 탕평책을 시행했어. 하지만 그 역시 붕당이 저지른 부자간의 이간질과 계략에 휘말리며 사도 세자를 뒤주에 가두어 굶어 죽게 만들었어. 앞에서 말한 적 있지? 자신의 피붙이를 죽인 왕 앞에서는 사람들이 숨을 죽이고 말을 잘 듣는다고 말이야. 영조는 왕권이 매우 강력해서 민생 안정과 산업 진흥을 위한 개혁을 추진하여 어느 정도 성공을 거두었어. 백성들의 군역 부담을 줄여주기 위해 균역법을 시행했고 가혹한 형벌을 폐지시키는가 하면 사형수에 대한 삼심제도 시행했지. 또『속대전』이나『속오례의』,『동국문헌비고』와 같은 편찬사업도 펼쳤어.

06

조선 후기 문예 부흥을 일으킨 정조, 뒤를 이은 어린 임금들의 세도정치 시대

사도 세자의 아들로 정적들의 수많은 살해 위협을 이겨 내고 왕위에 오른 정조도 할아버지의 뜻을 계승하여 탕평책을 시행했지. 하지만 팔은 안으로 굽는다고, 그 역시 사도 세자의 죽음을 동정하는 노론 시파들을 사도 세자의 죽음을 당연시하는 노론 벽파보다 더 신뢰했어.

한편으로 정조는 자신을 도와줄 수 있는 인재를 발탁하기 위해 신진 관리 중 유능한 신하를 대상으로 정기적으로 시험을 보는 초계문신제를 실시했어. 그들을 홍문관과 비슷한 성격의 왕립 학술 연구소인 규장각에서 근무하도록 했지. 또 조선의 역대 임금 중 세종이나 성종만큼 학문을 좋아했던 정조는 자신의 문집인『홍재전서』외에 일기인『일성록』을 기록했는데 그 분량이 수백 권이나 된단다. 정조 이후의 임금들 역시 계속『일성록』을 기록한 덕분에 그 방대한 분량에 힘입어 유네스코가 지정하는 세계기록문화유산에 등재되었어.

정조는 노론에게 왕권을 과시하기 위해 장용영을 세워 왕권을 뒷받침하는 군사적 기반을 갖추었지. 또 사도 세자의 묘를 수원으로 옮기고 그곳에 화성

수원화성 측면전경

을 지어 정치적·군사적 기능을 부여하려고 했어. 수원 화성은 정조의 총애를 받았던 다산 정약용이 발명한 거중기를 사용해 서양식 성곽을 벤치마킹하여 지은 튼튼한 성곽으로, 이 역시 세계문화유산으로 등재되어 있어.

또한 서얼들에 대한 차별을 없애려하고 형벌제를 완화시켰지. 『제언절목』, 『송언절목』 등을 정해 산업을 장려했던 정조는 당시 좌의정이었던 채제공의 의견을 받아들여 시전 상인들이 가진 독점권인 금난전권을 폐지하는 조치인 신해통공을 시행해 난전의 자유로운 상업 활동을 허락해 주었어.

뿐만 아니라 『속대전』에 이어 통합 법전인 『대전통편』을 편찬하고 『탁지지』, 『규장전운』, 『무예도보통지』, 『동문휘고』 등의 서적을 편찬하면서 정약용, 박지원, 박제가, 이가환, 유득공 등의 실학자도 등용하여 18세기 조선의 문예 부흥을 이룩했단다.

그러나 안타깝게도 정조는 어린 세자를 남기고 50대의 나이에 눈을 감았어. 이후 조선은 순조, 헌종, 철종의 3대, 총 60여 년간 어린 임금들이 왕위에 오르면서 안동 김씨와 풍양 조씨가 권력을 잡는 세도정치가 행해지지. 이 세도정치 아래에서 전정, 군정, 환곡 등 국가 재정을 이루는 삼정의 수입이 국가로 들어오는 것이 아니라 탐관오리의 뇌물수수와 부정부패에 의해 빠져나가면서 백성들은 세금과 재물을 가혹하게 착취당하게 돼. 때문에 전국에서는 민란이 일어나는가하면 인간 평등 사상을 주장하는 동학이나 천주교가 유행하게 되지. 이같은 삼정의 문란이 가장 극심했던 때는 철종 때였어. 삼정의 문란에 시달리던 백성들은 견디다 못하고 민란을 일으키기 시작했지. 처음 일어난 민란은 순조 때인 1811년에 평안도에 대한 차별대우에 항거해서 무려 10년 동안 준비해 일으킨 홍경래의 난이야. 1862년 임술년에는 진주 민란을 비롯해서 북으로는 제주, 남으로는 개령에 이르기까지 전국적으로 민란이 확산되었지. 나라에서는 암행어사를 파견하기도 하고 삼정이정청이라는 관청을 설치하기도 했지만 근본적인 부정부패가 없어지지 않았기 때문에 이 정책들은 모두 실패로 돌아갔단다.

어린 고종을 대신해
개혁정치를 펼친 흥선대원군

후사를 낳지 못한 철종의 뒤를 이어 왕에 오른 사람은 사도 세자의 고손자에 해당하는 고종이야. 그러나 12살 밖에 되지 않았기 때문에 고종의 아버지인 흥선대원군이 10년 동안 개혁의 칼날을 휘두르게 되지. 대원군은 왕의 아버지를 말할 때 쓰는 칭호란다.

그는 먼저 안동 김씨를 내몰고 문벌이나 지방색, 신분을 가리지 않는 고른 인재등용을 단행했어. 또 높은 관리들이 권력을 독점하는 비정상적인 정치기구인 비변사 기능을 축소하여 조선 초와 같이 의정부를 다시 국정 최고 기구로 회복시켰지. 뿐만 아니라 탐관오리의 부정부패를 없애고 『대전회통』이라는 법전을 편찬하여 국가의 통치 체계를 바로 세워 나갔단다. 또한 면세의 특권이 있어서 국가 재정에 부담이 되는 600여 개의 서원을 47개만 남기고 철폐했고, 양인 장정마다 부담하던 군포를 집집마다 내는 호포세로 개혁하여 양반들도 부담하게 했지. 이에 양반들은 분함을 참지 못해 대원군에 복수할 날만 손꼽아 기다렸어.

안으로는 이와 같은 개혁을 펼쳤지만 밖으로는 나라의 문을 굳게 닫는 통상수교거부 정책을 실시하며 천주교도 8천여 명을 죽음에 몰아넣은 병인박해를 일으켰어. 이때 죽음을 당한 프랑스 신부들을 구실로 삼아 통상을 요구하며 강화도로 쳐들어온 프랑스의 병인양요를 겪어야했지. 이어서 평양에서 불태워진 미국 상선 제너럴 셔먼호를 구실로 역시 통상을 요구하며 강

대원군 척화비

화도를 침입한 미국의 신미양요로 또 한 번의 큰 어려움을 겪었어. 홍선대원군은 양요를 물리친 다음 전국에 서양과 친하게 지내는 것은 나라를 팔아 버리는 것과 같다는 내용이 새겨진 척화비를 세웠단다.

한편 안으로는 경복궁 중건 과정에서 재정이 부족하여 악화인 상평통보를 마구 찍어 내는 바람에 경제가 파탄지경에 이르렀지. 그러자 기다렸다는 듯이 홍선대원군을 반대하는 유림세력과 고종의 왕비 민씨의 친정인 외척 민씨 세력이 손을 잡아 그를 하야시켰어. 그가 정권을 잡은지 10년 만의 일이야. 이후는 고종의 직접 정치를 펼치는 근대로 가니 조선 국왕들에 대한 이야기는 여기까지만 하자.

제3장

주제로 실록 속

조선을 보다

[실록 속 정치사]
조선의 역사를 만들어낸 인물들

실록에는 역사 교과서에서 단 한 줄 적고 지나가는 사건들에 대한 전후 배경과 경과, 결과가 상세히 기록되어 있어. 그리고 끝에는 "사관은 논한다." 라고 하여 해당 기록을 책임졌던 사관이 그 사건에 대한 평가를 적어 놓았지. 이 글을 통해 그 사건이 당대인들에 의해 어떻게 평가되었는지를 잘 알 수 있단다. 조선의 500여 년간 기록된 수많은 정치사의 진상을 여기에 모두 기록할 수는 없어. 대신 그 중 일반에 잘 알려져 있지 않으면서 우리의 가슴을 울리는 사건들의 내막을 소개해 보도록 할게. 아마 읽다보면 정말 마음이 쓸쓸하거나 깊은 감동을 받을 거야.

살려달라고 애걸한 정도전의 최후

고려 말기에 급진 개화파를 이끌었던 정도전은 야망이 대단한 사람이었어. 아버지는 과거에 합격한 사대부였지만 어머니는 외할머니가 여종이었기 때문에 집안이 보잘 것 없었단다. 때문에 항상 고려 사회를 구조적으로 개혁해야 한다는 의지가 매우 강했지. 그는 이성계와 손을 잡은 후 무인 출신의 이성계 뒤에서 개혁의 방향타를 잡는 조타수 역할을 하면서 새로운 국가 조선을 신권이 강한 국가로 만들 결심을 했어. 그가 꿈꾸는 조선은 재상을 중심으로 신하들이 정치를 일구어 백성을 위한 민본 정치가 행해지는 신권국가였단다. 국왕은 왕좌를 지키고 재상이 국왕을 보필하여 정치를 해 나가는 국가를 꿈꾸었지. 그래서 정도전은 이성계 이후에도 정치 권력을 장악하기 위해 이성계가 총애하는 신덕왕후 강씨와 손을 잡았어. 그러고는 신의왕후 한씨 소생의 6형제 대신에 이성계의 가장 막내아들인 고작 만 12세의 어린 방석을 세자로 책봉하게 만들었지. 이는 누가 보아도 무리수였어. 더욱이 조선을 세우는데 가장 공이 많은 이성계의 다섯째 아들 이방원의 눈에는 정도전의 행동이 어린 세자를 앞세워 권력을 독차지하려는 심사로밖에 보이지 않았지. 게다가 정도전이 의흥삼군부를 세워 그 책임자인 판의흥삼군부사가 된 후 군사훈련을 시켜 나가자, 방원은 그가 명을 치기 위해 군사 훈련을 시키는 것이 아니라 왕자들의 사병을 혁파하기 위해 군사 훈련을 시키는 것으로 생각했어. 더 이상은 정도전을 그대로 둘 수가 없었지. 그래서 왕자들과 처남들을 모두 모이게 하고 군사를 모아 정도전 제거에 나선 거야. 이 사건이 1398년에 일어난 제1차 왕자의 난이지. 정도전은 비참하게 끌려 나와 이방원의 명에 의해 죽음을 당하고 말아.

그런데 이전에 방영된 KBS 드라마 〈정도전〉의 50회를 보면 이방원이 직접 칼을 들어 정도전을 죽일 뿐 아니라, 죽음을 당하기 전 정도전이 "나라의 주인은 백성이다."라고 의연히 말하며 초연한 자세로 죽음을 맞이하는 것으로 되어 있어. 이건 그야말로 완전한 픽션이야. 작가의 상상력으로 만들어낸 장면을 시청자가 역사적 사실로 생각하는 건 우리가 사료를 제대로 읽은 적이 없기 때문이지. 픽션과 역사적 사실을 제대로 구분 지을 줄 알아야겠지? 그럼 조선왕조실록에 정도전의 최후가 어떻게 그려져 있는지 살펴보도록 하자.

먼저 1398년 태조 7년 8월 26일의 기사를 보면 이런 내용이 있어.

> 봉화백 정도전, 의성군 남은과 부성군 심효생 등이 여러 왕자들을 해치려 꾀하다가 성공하지 못하고 형벌에 복종하여 참형을 당하였다...정도전과 남은 등은 권세를 마음대로 부리고자 하여 어린 서자를 꼭 세자로 세우려고 하였다...

여기에서 봉화백이란 국왕이 정도전에게 내린 명예로운 직함이야. 봉화는 경상북도 봉화군을 말하는데 정도전이 봉화 정씨이기 때문에 내린 직함이란다. 정도전이 여러 왕자들을 해치려 꾀했다는 것은 앞에서도 말한 바와 같이 의흥삼군부의 군사 훈련을 시킨 것을 자신들의 무장 해제를 준비하는 것으로 생각했기 때문이야. 또 어린 서자란 이방원의 입장에서 신덕왕후 강씨는 아버지 이성계의 첩에 지나지 않았기에 그렇게 본 것이지.

그럼 다음 이야기를 마저 더 살펴볼까?

소근 등으로 하여금 도로 들어가 그 집을 포위하고 그 이웃집 세 곳에 불을 지르게 하니, 정도전 등은 모두 도망하여 숨었으나, 심효생·이근·장지화 등은 모두 살해를 당하였다. 도전이 도망하여 그 이웃의 전 판사 민부의 집으로 들어가니, 민부가 아뢰었다. "배가 불룩한 사람이 내 집에 들어왔습니다." 정안군은 그 사람이 도전인 줄을 알고 이에 소근 등 4인을 시켜 잡게 하였더니, 도전이 침실 안에 숨어 있는지라, 소근 등이 그를 꾸짖어 밖으로 나오게 하니, 도전이 자그마한 칼을 가지고 걸음을 걷지 못하고 엉금엉금 기어서 나왔다. 소근 등이 꾸짖어 칼을 버리게 하니, 도전이 칼을 던지고 문 밖에 나와서 말하였다.

"청하건대 죽이지 마시오. 한마디 말하고 죽겠습니다." 소근 등이 끌어내어 정안군의 말 앞으로 가니, 도전이 말하였다. "예전에 공(公)이 이미 나를 살렸으니 지금도 또한 살려 주소서."

예전이란 것은 임신년(태조 즉위년)을 가리킨 것이다.

정안군이 말하였다. "네가 조선의 봉화백이 되었는데도 도리어 부족하게 여기느냐? 어떻게 악한 짓을 한 것이 이 지경에 이를 수 있느냐?" 이에 그를 목 베게 하였다. … 도전이 아들 4인이 있었는데, 정유(鄭游)와 정영(鄭泳)은 변고가 났다는 말을 듣고 급함을 구원하러 가다가 병사에게 살해되고, 정담(鄭湛)은 집에서 자기의 목을 찔러 죽었다.

- 태조실록 14권, 7년 8월 26일 1번째 기사 1398년

어때, 무슨 말인지 이해할 수 있겠어?

내용을 알기 쉽게 풀면 이런 이야기가 되지. 이방원의 군사들은 여러 집에 불을 지르면서까지 정도전 수색에 나섰어. 아마도 당시 정도전의 체구가 배가 나왔었나 보지? 정도전은 안면이 있는 전 판사 민부의 집에 숨었는데 의리 없게 민부가 자기 집에 배가 불룩한 사람, 곧 정도전이 숨어 있다고 이방원에게 일러바치지. 당시 이방원은 아직 대군의 책봉을 받기 전이라 정안군이라고 불렸어. 정도전은 침상 밑에 숨어 있다가 체면이 말이 안 되게 자그마한 칼한 자루를 쥐고 엉금엉금 기어 나온 후 제발 살려달라고 애원을 하지. 그러나 이방원은 눈 하나 깜박이지 않고 그 자리에서 수하를 시켜 정도전의 목을 베게 했어. 국문 등의 조사는 일체 없고 그 자리에서 즉결 처분을 해 버린 거야. 그리고 정도전의 네 아들 중 세 아들이 역시 살해를 당하고 정담은 스스로 칼로 생을 마감했어. 어때, 정말 인생무상이지? 조선을 건국한 이성계의 최측근이며 한양 천도의 큰손이었을 뿐 아니라 경복궁, 숭례문, 흥인지문 등의 이름까지 지었던 최고의 권력자가 단칼에 목이 베어졌으니 말이야.

그럼 이 사실을 알게 된 이성계의 마음은 어떠했을까? 다음을 읽어 보자.

"개국 공신 정도전과 남은 등이 몰래 반역을 도모하여 왕자와 종실들을 해치려고 꾀하다가, 지금 이미 그 계획이 누설되어, 공이 죄를 가리울 수가 없으므로, 이미 모두 살육되었으니, 그 협박에 따라 행동한 당여(黨與)는 죄를 다스리지 말 것입니다."

> 변중량으로 하여금 이를 써서 올리니, 임금이 시녀로 하여금 부축해 일어
> 나서 압서(押署)하기를 마치자, 돌아와 누웠는데, 병이 심하여 토하고자
> 하였으나 토하지 못하며 말하였다.
> "어떤 물건이 목구멍 사이에 있는 듯 하면서 버려가지 않는다."
>
> - 위와 출처 같음

생각해 봐. 자신이 가장 신뢰하고 생사고락을 같이 하며 지내왔던 신하가 하루아침에 죽었으니, 게다가 그를 죽인 사람이 자신의 아들이니 심정이 어떻겠어? 실록에는 이런 태조 이성계의 감정과 느낌까지도 세세히 기록되어 있어.

더 가슴 아픈 대목도 있어. 어린 세자 방석과의 이별 장면이야. 읽어 보면 눈물이 나올 것 같아.

> "이미 주청을 올린 안을 허락했으니, 나가더라도 무엇이 해롭겠는가?"
> 방석이 울면서 하직하니, 현빈이 옷자락을 당기면서 통곡하므로, 방석이
> 옷을 떨치고서 나왔다. 처음에 방석을 먼 지방에 안치하기로 의논했는데,
> 방석이 궁성의 서문을 나가니 이거이, 이백경, 조박 등이 도당(都堂)에 의
> 논하여 사람을 시켜 도중서 죽이게 하였다.
>
> - 위와 출처 같음

방석을 유배 보낸다는 내용에 억지로 서명을 한 태조는 단지 유배 가는 것이니 별 일은 없을 것이라고 방석을 달래지. 설마 자신이 윤허를 했는데 죽이겠냐고 말이야. 이에 방석이 통곡을 하며 궁궐을 빠져 나왔는데 이방원은 방석마저 유배 가는 길목에서 죽여 버렸다는 내용이야. 정변의 비정함을 그대로 알 수 있는 대목이지.

이렇게 제1차 왕자의 난과 관련한 내용이 실록에는 마치 소설을 읽는 듯 세세하게 기록되어 있단다.

심한 국문 속에 능지처사로 죽어간 사육신

사육신은 숙부 수양대군에게 왕위를 빼앗긴 단종의 복위 운동을 일으켰다가 세조에게 죽음을 당한 6명의 신하를 말해. 하지만 단종 복위 운동에 가담한 사람은 훨씬 많았지. 박팽년의 말을 들어 볼까?

사육신묘 사당

박팽년에게 곤장을 쳐서 당여(관련된 자)를 물으니, 박팽년이 대답하기를,

"성삼문·하위지·유성원·이개·김문기·성승·박쟁·유응부·권자신·송석동· 윤영손·이휘와 신의 아비였습니다."

하였다.

- 세조실록 4권, 세조 2년 6월 2일 경자 2번째 기사 1456년

이를 통하여 우리가 그동안 알아왔던 바와 같이 성삼문 부자뿐 아니라 박 팽년 부자도 함께 참여한 사실을 알 수 있지. 그러나 학교에서 배운 것처럼 사 육신이 모두 세조에게 끌려와 죽음을 당한 것은 아니야. 무슨 말이냐고? 사육 신 중에는 김질에 의해 일이 탄로 났다는 사실을 알게 되자 스스로 목숨을 끊 은 사람도 있고 옥에서 숨을 거둔 사람도 있어. 유성원과 허조는 스스로 목숨 을 끊었고 박팽년은 고문 끝에 옥사했지. 다음의 기록을 보면 알 수 있어.

유성원은 집에 있다가 일이 발각된 것을 알고 스스로 목을 찔러 죽었다.

- 위와 출처 같음

전 집현전 부수찬 허조가 스스로 목을 찔러 죽었다. 허조는 이개의 매부 로 역시 모반에 참여하였기 때문이었다.

- 세조실록 4권, 세조 2년 6월 6일 갑진 2번째 기사 1456년

공초란 취조한 문서를 말하는 것이고 자복이란 스스로 범죄 사실을 고백했다는 것을 말해. 해석해 보면 심문을 받다가 옥에서 고문으로 죽었다는 말이지. 흥미로운 것은 단종 복위 운동을 단종 자신이 알고 있었던 것은 물론이고 친히 큰 칼까지 내리며 이들을 격려했다는 사실이야.

이 대목을 보면서 어린 단종이 숙부인 수양대군이 알까봐 노심초사하며 제발 거사가 성공하기를 기원하는 모습도 상상해 볼 수 있어.

그러면 이들에게 어떤 벌이 내려졌을까? 보통 일반 서민들 중 잡범이 일으킨 범죄는 포도청에서 다루지만 이런 반란죄는 의금부에서 맡아 벌을 정한단다. 단종 복위 운동 때도 의금부는 이런 벌을 결정했어.

의금부에서 아뢰기를,

"박팽년·유성원·허조 등이 지난해 겨울부터 성삼문·이개·하위지·성승유·유응부·권자신과 함께 당파를 맺어 반역을 도모하였으니, 그 죄가 능지처사에 해당합니다. 청컨대 허조·박팽년·유성원의 시체를 거열하고, 목을 베어 효수하고, 시체를 팔도에 천(傳)하여 보일 것이며, 그 재산을 몰수하고, 연좌된 자들도 아울러 율문에 의하여 시행하소서."

하니, 명하기를,

"친자식들은 모조리 교형(絞刑)에 처하고, 어미와 딸·처첩·조손·형제·자매와 아들의 처첩 등은 극변의 잔읍의 노비로 영구히 소속시키고, 백·숙부와 형제의 자식들은 먼 지방의 잔읍의 노비로 영원히 소속시키고, 그 나머지는 아뢴 대로 하라."

하였다.

- 세조실록 4권, 세조 2년 6월 7일 을사 2번째 기사 1456년

능지처사란 사람의 온 몸을 찢어 죽이는 무서운 형벌을 말해. 거열이란 소, 말이 끄는 달구지에 매어 사지를 찢어 죽이는 거야. 효수는 목을 베어 높이 매다는 것이지. 그리고 시체를 팔도에 전한다는 것은 그 때는 소셜미디어는 물론 방송매체도 없었기 때문에 반역을 하면 이런 꼴을 당한다는 걸 알려주기

위해, 찢겨진 시신 조각을 전국으로 돌려 일정 기간 동안 백성들에게 전시하는 거야. 휴, 정말 끔찍하지?

조선은 연좌법이 있던 시대란다. 반역을 일으키면 가족들까지 연루되어 무서운 벌을 받지. 자식 중 남자는 교수형에 처해지고 여자들은 모두 노비가 된단다. 참 잔인하게도 바로 어제까지 손을 맞잡으며 서로 형님, 아우님 하던 부인들이 하루아침에 주인 마님과 하녀의 관계로 바뀌게 되었지. 더구나 세종대왕 때부터 집현전 학사로 가장 가깝게 일을 해 왔던 성삼문과 신숙주가 한 사람은 반역죄로 죽음을 당하고 한 사람은 병조판서로 장관직을 그대로 수행하게 되면서, 성삼문의 처자식들이 신숙주 같은 관료들의 노비가 되어버렸어. 다음이 그런 내용이 담겨 있는 기사이지.

> 성삼문의 아내 차산·딸 효옥, 이승로의 누이 자근아지는 운성 부원군 박종우에게 주고...조완규의 아내 소사·딸 요문은 병조 판서 신숙주에게 주고...유성원의 아내 미치·딸 백대, 이명민의 아내 맹비는 좌승지 한명회에게 주고...
>
> - 세조실록 5권, 세조 2년 9월 7일 갑술 4번째 기사 1456년

준다는 의미가 무엇일까? 그래 맞아. 노비로 준다는 거야. 이 기사의 제목은 '의금부에서 난신에 연좌된 부녀를 대신들에게 나누어 주게 하다'란다. 참 허망하지? 조선 시대 여성들의 인생은 집안 남자들이 하는 일에 따라 하루아

침에 신분이 바닥을 치게 되니 말이야. 현대인의 눈으로 보면 정말 불합리한 일이지. 참, 난신이란 세상을 어지럽힌 신하들, 즉 단종 복위 운동에 참여해 반란을 꾀한 신하들을 말하는 거야.

한 가지 흥미로운 사실은 위의 벌을 주는 기사에 조선 시대에 살았던 백여 명의 여성들의 이름이 빼곡히 적혀 있는데 그 이름들이 참으로 각양각색이야. 윤선, 수민 같은 이름도 있지만 자근아지, 소근소사같은 4글자 이름도 있고 금음이, 석을금, 유나매, 소근비, 가야지 같은 세 글자 이름도 있어. 또 이름에는 덕비, 가질비, 불비, 삼비, 막장, 막생 같이 아닐 비(非)와 없을 막(莫), 혹은 이제 금(今)이나 저 이(伊)자가 많이 들어가 있어. 이런 이름들은 한자어로 쓴 것이 아니라 고유어식 아명을 그대로 쓴 것이란다. 예를 들면 예쁜 여자아이 이름을 '이쁜이'라고 부르고 쓸 때는 발음 그대로 입분이(入分伊)로 썼다는 것을 알 수 있지.

폭군 연산군의 행적과 말로

조선왕조실록에 기록된 연산군이 한 일을 보면 오늘날 말하는 사이코 패스가 아닌지 의심스러워. 도저히 인간으로서는 할 수 없는 일을 임금 자리에 앉아서 했기 때문이지. 윤리와 도덕은 물론 인간으로서의 일말의 양심도 없이 인륜에 어긋나는 벌을 주고 또 그것을 즐겼지. 그 첫 출발은 무오사화였어. 무오사화가 일어나게 된 원인은 앞서 설명한 적이 있지? 이때 대신들은 왕 앞에 모여 김종직에게 어떤 벌을 줄 것인가를 의논하고 있었어. 그런데 대신들 몇몇이 김종직은 이미 죽고 없으니 그 자손들에게만 벌을 주자고 주장했어. 그러자 연산군은 자신의 말에 반하는 그 대신들에게 벌을 주기 위해 일반 상식에는 맞지 않는 일을 했어. 어떤 일이었는지 살펴볼까?

...이때 여러 재상과 대간과 홍문 관원이 모두 자리에 있었는데, 갑자기 나장(羅將) 십여 인이 철쇄를 가지고 일시에 달려드니, 재상 이하가 놀라 일어서지 않는 자가 없었다. 유청 등은 형장 30대를 받았는데, 모두 다른 정(情)이 없음을 공초하였다.

- 연산군일기 30권, 연산 4년 7월 17일 신해 2번째 기사 1498년

나장이란 죄인을 잡아들이는 포졸이라고 생각하면 돼. 철쇄는 쇠사슬을 말하는 거야. 생각해 봐. 대통령이 주재하며 국무총리가 장관들과 국정을 논의하는 자리에 시커먼 쇠사슬을 든 경찰이 회의장에 난입했다면 얼마나 충격이겠어? 이런 위협적인 분위기에서 결국 당대 최고의 문인이었던 김종직은 부관참시의 극형에 처해졌어. 썩어 들어가는 그의 시신을 꺼내서 관을 부시고 그 목을 쳤고 실록을 기록한 사관들은 능지처사에 처해 버렸단다. 그런데 이같은 부관참시를 처음 생각해 낸 것은 연산군이 아니라 일부 대신들이 연산군의 마음에 들 만한 벌을 구상하다가 건의한 것이었다고 해.

여기에다가 갈수록 태산이라고, 1504년 갑자사화 당시 연산군이 행한 일

은 기네스북 감이야. 갑자사화는 연산군의 생모인 폐비 윤씨 문제로 일어났어. 성종을 질투하다가 죽은 폐비 윤씨가 왕실에서 쫓겨난 것이 성종의 두 후궁의 고자질과 연산군의 할머니인 인수대비의 명에 의한 것이 밝혀지면서 연산군이 생모의 원수를 갚는다고 두 후궁을 잡아 죽이는데, 이때 인간의 도를 넘는 형벌을 내렸단다. 함께 읽어 볼까?

항과 봉은 정씨의 소생이다. 왕이, 모비(母妃) 윤씨가 폐위되고 죽은 것이 엄씨·정씨의 참소 때문이라 하여, 밤에 엄씨·정씨를 대궐 뜰에 결박하여 놓고, 손수 마구 치고 짓밟다가, 항과 봉을 불러 엄씨와 정씨를 가리키며 '이 죄인을 치라.' 하니 항은 어두워서 누군지 모르고 치고, 봉은 마음속에 어머님임을 알고 차마 장을 대지 못하니, 왕이 불쾌하게 여겨 사람을 시켜 마구 치되 갖은 참혹한 짓을 하여 마침내 죽었다.

왕이 손에 장검을 들고 자순 왕대비 침전 밖에 서서 큰 소리로 연달아 외치되 '빨리 뜰 아래로 나오라.' 하기를 매우 급박하게 하니, 시녀들이 모두 흩어져 달아났고, 대비는 나오지 않았다. 그런데, 왕비 신씨가 뒤쫓아 가 힘껏 구원하여 위태롭지 않게 되었다.

- 연산군일기 52권, 연산 10년 3월 20일 신사 5번째 기사 1504년

얼굴이 잘 안 보이는 어두운 밤에 성종 후궁들의 아들들을 불러서 자신들의 어머니를 때려죽이게 하는 장면에 대한 실록 기사야. 연산군은 자신을 키

위 준 성종의 세 번째 왕비인 자순 왕대비까지 칼로 죽이겠다고 위협하고 있지. 엄씨는 성종의 후궁인 귀인 엄씨이고 정씨는 성종의 후궁 귀인인 정씨를 말해. 항은 안양군 이항이고 봉은 봉안군 이봉으로, 성종과 귀인 정씨 사이에 태어난 왕자들이면서 연산군의 배다른 동생들이지. 이렇게 하고도 분이 풀리지 않은 연산군은 동생들의 머리털을 움켜쥐고 생모를 내치는 데에 중심역할을 한 인수대비를 찾아갔어. 인수대비는 소혜왕후로 연산군의 할머니요, 성종의 어머니이자 세조의 적장자인 추존왕 덕종의 부인이지. 그 다음에 어떤 일이 벌어졌을까?

왕이 항과 봉의 머리털을 움켜잡고 인수 대비 침전으로 가 방문을 열고 욕하기를 '이것은 대비의 사랑하는 손자가 드리는 술잔이니 한 번 맛보시오.' 하며, 항을 독촉하여 잔을 드리게 하니, 대비가 부득이하여 허락하였다...왕이 말하기를 '대비는 어찌하여 우리 어머니를 죽였습니까?' 하며, 불손한 말이 많았다. 뒤에 내수사를 시켜 엄씨·정씨의 시신을 가져다 찢어 젓 담그어 산과 들에 흩어버렸다.

- 위와 출처 같음

연산군은 할머니에게 갖은 모욕을 다 준 다음 어머니뻘 되는 성종의 두 후궁을 죽인 것도 모자라 시신을 잘게 찢어 소금을 뿌려 넣고 젓갈을 담근 다음 산과 들에 뿌려 버린 거야. 연산군의 이런 포악한 행위로 근심과 두려움에 속

병을 얻은 인수대비가 세상을 뜨게 되었어. 이에 3년 상을 치러야 하는 조선 사회에서 연산군은 날을 달로 치는 계산법으로 장례 기간을 최소화했을 뿐만 아니라 상 기간이 끝나지도 않았는데 풍악을 울리며 가무까지 즐겼단다.

혹시 '흥청망청'이라는 말을 들어 본 적이 있니? 용돈을 많이 쓰면 부모님이 돈을 흥청망청 썼다고 꾸지람을 하실 때가 있을 거야. 그럴 때 쓰는 말인 '흥청망청'이 생겨난 것이 연산군 때야. '흥청을 좋아하다가 망하게 되었다.'는 의미이지. 연산군은 전국에서 가장 아름다운 기생들을 300명씩 뽑아 장악원에서 그들에게 가무를 가르치도록 했는데, 이때 장악원의 자리를 아예 세조가 세운 절이 있던 원각사로 옮겨 버렸지. 또 기생뿐만 아니라 전국에 채홍사와 채청사를 파견해 아름다운 처녀를 뽑게 했어. 이중에 가장 나은 여인들을 '흥청'이라고 한 것에서 기원한 말이란다.

연산군은 매일같이 사치를 일삼으며 논 덕에 국고가 바닥이 나자 갑자사화를 일으켜 여기에 연루된 대신들의 재산을 몰수해 버렸어. 이 갑자사화 때 벌을 받은 사람들은 292명이나 된단다. 그 중에는 연산군을 포함하여 조선의 일곱 임금을 모셨던 김처선이라는 내관도 있었어. 연산군은 김처선이 작심을 하고 바른 말로 폭정을 그만두라고 아뢰자 그의 팔다리를 자르고 활을 쏘아 죽여 버렸어. 실록에는 이와 관련하여 그의 일가친척 7촌까지 벌을 내리라는 내용과 그와 같은 이름을 쓰는 사람들의 이름을 모두 고치게 했다는 기사, 그리고 그의 집을 파서 못을 만든 것도 모자라 죄명을 적은 돌을 새겨 묻게 했다는 것, 또 '전의'라는 김처선의 본관을 없애 버리고 모든 문서에서 김처선의 '처'

자를 쓰지 못하게 했다는 기록 등이 보이고 있지.

전교하기를,

"죄인 김처선의 집은 당일로 철거하여 못을 파고 죄명을 돌에 새겨 묻으라."

하였다.

- 연산군일기 61권, 연산 12년 3월 13일 계사 8번째 기사 1506년

전교하기를,

"처(處) 자는 곧 죄인 김처선(金處善) 의 이름이니, 이제부터 모든 문서에 처

자를 쓰지 말라."

하였다.

- 연산군일기 58권, 연산 11년 7월 19일 임인 6번째 기사 1505년

갑자사화 이후에도 연산군은 갖은 악행을 저지르는데 실록에는 연산군 때
행해진 고문의 예가 아래와 같이 자세히 나와 있어.

홍문관 사간원을 혁파하고 또 사헌부의 지평 2원을 없앰으로써 언로를
막았고, 손바닥 뚫기·당근질하기·가슴빠개기·뼈바르기·마디마디 자르
기·배가르기·뼈를 갈아 바람에 날리기 등의 이름이 있었으며, 말이 조금
만 뜻에 거스르면 명령을 거역한다 하고, ...족속을 멸하는 것을 노상 법

으로 여겨 한 번만 범하면 부자 형제가 잇달아 잡혀 살육되고 일가까지도 또한 찬축을 당했고, 익명서 및 다른 죄로 잡힌 자가 사연이 서로 연루되어 옥을 메웠는데, 해를 넘기며 고문하여 독한 고초가 말할 수 없었다.

- 연산군일기 63권, 연산 12년 9월 2일 기묘 1번째 기사 1506년

어때? 입이 다물어지지 않지? 여기에서 찬축(竄逐)이란 죄인을 멀리 귀양을 보내는 것을 말해.

자, 이제 연산군의 최후가 다가왔어. 연산군을 끌어내린 중종반정을 주동한 사람은 연산군 때문에 누이가 자살하여 원한을 갖고 있는 박원종과 억울하게 파직된 성희안이었어. 이들이 이조판서 유순정을 필두로 육조의 판서들을 참여시켜 군사를 일으켰지. 실록은 연산군의 말로를 이렇게 기록하고 있단다.

승지 윤장·조계형·이우가 변을 듣고 창황히 들어가 왕에게 사뢰니, 왕이 놀라 뛰어 나와 승지의 손을 잡고 턱이 떨려 말을 하지 못하였다. 장 등은 바깥 동정을 살핀다고 핑계하고 차차 흩어져 모두 수채 구멍으로 달아났는데, 더러는 실족하여 뒷간에 빠지는 자도 있었다.

- 연산군일기 63권, 연산 12년 9월 2일 기묘 1번째 기사 1506년

연산군이 반정이 일어난 것을 보고 놀라는 모습을 잘 살펴볼 수 있지. 그리

고 신하들이 왕을 버리고 비열하게 뒷간, 즉 화장실에 빠질 정도로 허둥거리며 도망가는 장면도 눈에 그려져. 결국 연산군은 붙잡혀 강화도 교동으로 유배를 가게 되지.

... 대비의 명에 의하여 천왕을 폐위 연산군으로 강봉하여 교동에 옮기고, 왕비 신씨를 폐하여 사제로 내쳤으며, 세자 이황 및 모든 왕자들을 각 고을에 안치시키고, 전비·녹수·백견을 군기시 앞에서 베니, 도중 사람들이 다투어 기왓장과 돌멩이를 그들의 국부에 던지면서 '일국의 고혈이 여기에서 탕진됐다.'고 하였는데, 잠깐 사이에 돌무더기를 이루었다.

- 연산군일기 63권, 연산 12년 9월 2일 기묘 1번째 기사 1506년

장녹수라고 들어 본 적이 있니? 연산군의 사랑만 믿고 날뛰던 애첩이야. 전비나 백견도 그렇고. 사람들은 연산군이 여성들과 놀아나는 사치 때문에 국고가 탕진되었다고 하여 여자들에게 끔찍한 보복을 했음을 잘 알 수 있지. 이런 글을 읽어 보면 나라의 통수권자가 되었을 때 절대 백성을 분노하게 하는 사치나 방탕에 빠지면 안 된다는 교훈을 얻을 수 있단다.

중종의 사법 살인으로 죽음에 이른 도학 정치가 조광조

'사법살인'이란 법을 빌미로 죄 없는 사람을 죽이는 것을 말해. 조광조의 죽음

이 바로 그것이지.

조선에서 둘째가라면 서러워할 정도로 강직하고 청렴결백하였으며 정의롭게 개혁정치를 추진하던 조광조가 1519년 12월 16일, 하루아침에 중종의 명으로 사약을 받게 돼. 그것도 조광조를 모략에 빠트린 신하들이 죽일 필요까지는 없다고 했는데도 말이야. 모두들 이미 두 차례나 사화를 일으킨 폭군 연산군이 쫓겨나가고 새로운 임금이 등극했으니 이제 다시는 선비들이 억울하게 죽어 나가는 일은 없을 것이라고 생각했어. 그런데 반정으로 왕위에 오른 중종 때 또다시 기묘사화가 일어나자 사람들은 실망에 빠졌지. 어떻게 또 사화가 일어난 것일까? 내막을 탐구하기 전에 조광조가 어떤 사람인지 먼저 알아보자.

조광조는 김굉필 문하에서 공부한 수재로 고작 18세의 나이에 진사시에 장원급제까지 했어. 진사시에 합격한 후 성균관에 입학해서 수학하던 중 중종이 성균관 인재를 등용하려 할 때 성균관 유생 200명의 천거를 받았을 정도로 많은 사람들의 신뢰를 한몸에 받았던 인물이야. 정계에 들어간 다음에는 정몽주, 김굉필을 공자의 위패를 모시는 사당인 문묘에 배향하고, 유교적 자치 규약인 향약을 조선 최초로 중국에서 들여와 농촌 사회에 보급시켰지. 그러는가 하면 국초부터 국가에서 운영해 왔던 도교 사당인 소격서를 성리학의 나라 조선에 두어서는 안 되는 것이라고 하면서 없애 버렸단다. 조광조에 대한 중종의 신임이 얼마나 강건했던지 그는 관직에 오른 지 40개월 만에 지금으로 치면 감사원의 감사원장이라고 할 수 있는 사헌부의 대사헌에 임명되었어. 조광조는 자신의 고속 승진이 부담이 되어 하루에 5차례나 사직을 청했지만 중종의 신임은 대단해서 그의 사직서를 받아들이지 않았어.

대사헌이 된 그는 현량과의 설치를 건의하여 천거를 통해 전국의 인재들을 등용하는 제도를 마련했어. 현량과에 의해 전국에서 28명의 선비가 관계에 들어왔는데 대부분이 사림파여서 훈구파가 불만을 가지기 시작했지. 이에 조금도 흔들리지 않는 조광조는 국가 재정이 부족하다는 이유로 중종반정에 공을 세운 76명의 공훈자의 공적을 삭제해 버리는 일을 단행해. 순식간에 중종반정 때 2, 3등 공신으로 지정된 사람의 일부와 4등으로 책정된 공신 전부가 공신록에서 삭제되었어. 76명의 분노는 하늘을 찌를 것 같았지. 그들은 조광조를 제거하기 위해 뭉치기 시작했어. 이런 가운데 그들이 만들어낸 사건이 '주초위왕(走肖爲王)이 새겨진 나뭇잎 사건'이야. 정말 소설 같은 이야기지. '주초위왕'이란 '주초'의 이름을 가진 사람이 왕이 된다는 뜻인데 '走肖'를 합치면 조광조의 '趙'가 되지. 훈구파들은 훈구대신 남곤의 집 앞을 흐르고 있는 개천물이 궁궐로 흘러간다는 것을 이용하여 남곤의 집에서 나뭇잎을 물에 띄웠어.

그럼 어떻게 나뭇잎에 한자가 새겨졌을까? 그건 꿀을 묻힌 바늘로 쓴 글자를 따라 벌레들이 그 부분을 갉아 먹어 새겨진 거야. 발상이 참신하지? 이런 머리를 국가를 살리는데 쓰지 않고 일 잘하는 사람에 누명을 씌우는 데 사용했으니 기가 막힐 노릇이지. 중종실록에는 이와 관련한 자세한 이야기는 나오지 않아. 그러다가 선조실록에 사건의 전말이 기록되어 있지. 다음을 읽어 보자.

> ...이리하여 나뭇잎의 감즙을 갉아 먹는 벌레를 잡아 모으고 꿀로 나뭇잎에다 '주초위왕(走肖爲王)' 네 글자를 많이 쓰고서 벌레를 놓아 갉아먹게 하기를 ...하였다. 남곤의 집이 백악산 아래 경복궁 뒤에 있었는데 자기 집에서 벌레가 갉아먹은 나뭇잎을 물에 띄워 대궐 안의 물가로 흘려보내어 중종이 보고 매우 놀라게 하고서 고변(告變)하여 화를 조성하였다. 이 일은 《중종실록》에 누락된 것이 있기 때문에 여기에 대략 기록하였다.
>
> - 선조 2권, 1년 9월 21일(정묘) 2번째 기사 1568년

훈구파들은 이 나뭇잎을 중종이 사랑하는 경빈 박씨로 하여금 중종에게 보여주게 했어. 이에 중종은 한밤중에 훈구 대신들을 궁궐로 불러 비밀 지시를 내렸지. 대사헌을 그냥 잡아들일 수는 없거든. 다음 날부터 약속이나 한 듯이 조광조를 탄핵하는 줄상소가 올라오기 시작했어. 상소에 소설 같은 나뭇잎 이야기는 쓸 수가 없지. 대신 현량과를 실시하여 당파를 조성했다고 몰고 늘어졌어. 중종은 조광조를 의금부로 끌고 오게 해서 사림파 사람들과 함께 유배를 보냈지.

그럼 중종은 그토록 아끼던 조광조를 왜 내친 것일까? 학계에서는 매일 소학을 읽으라 하고 공부하기를 강조하며 개혁만을 부르짖는 조광조에게 신물

이 나서 저지른 짓이라고 생각하고 있어. 조광조가 중종에게 공부를 게을리 한다고 공격하면서 더 열심히 해야 성군이 될 수 있다고 간하는 내용과 이에 대해 구차한 변명을 늘어놓는 중종의 대화를 살펴보자.

"...《근사록》·《소학》을 강한 지가 이미 2~3년이 되었는데도 지금까지 끝마치지 못하였습니다. ... 요컨대 모름지기 평소에도 늘 경념(敬念)하셔야 합니다. 그러나 사대부를 접하는 일이 적으면 그른 마음을 바로잡는 기회가 또한 적은 것인데, 신의 생각에는 아마도 상께서 도(道)를 구하는 정성이 조금 해이하여진 것이 아닌가 합니다..."

"내가 전일에는 하루에 세 번 경연에 나아갔었는데, 근래에는 공사다망하여, 혹 삼시(三時)의 경연에 나아가지 못하기도 하였다."
하매, 광조가 아뢰기를,
"어찌 삼시의 경연만을 피하였습니까? 장차 나태하고 놀기만 좋아하는 마음이 끼일까 염려스럽습니다..."

- 중종실록 35권, 중종 14년 4월 19일 임오 3번째 기사 1519년

이 기사를 읽어 보면 마치 선생님이 나태한 학생을 야단치는 모습 같아. 중종의 자존심이 구겨지는 장면이 연상되지. 그로부터 8개월 후, 조광조는 중종에 의해 사약을 받고 말아.

사약을 받기 전 유배지에서도 조광조는 한 치의 흐트러짐이 없었어. 다음은 조광조의 유배지에서의 모습을 기록한 실록의 기사야.

> 조광조는 온아하고 조용하였으므로 유배지에 있을 때 하인들까지도 모두 정성으로 대접하였으며, 분개하는 말을 한 적이 없었음으로 사람들이 다 공경하고 아꼈다.
>
> - 중종 37권 14년 12월16일 2번째 기사 1519년

조광조는 사람됨이 참 따뜻했어. 죽는 그 순간에도 자신이 마지막으로 머물렀던 집의 주인을 불러 자신의 미안해하는 마음을 전하니 주인이 폭포수 같이 눈물을 흘렸어.

> '내가 네 집에 묵었으므로 마침내 보답하려 했으나, 보답은 못하고 도리어 너에게 흉변을 보이고 네 집을 더럽히니 죽어도 한이 남는다.'하였다. 관동과 주인은 스스로 슬픔을 견디지 못하여 눈물이 흘러버려 옷깃을 적셨고, 오래도록 고기를 먹지 않았으며, 지금도 조광조의 말을 하게 되면 문득 눈물을 흘린다.
>
> - 위와 출처 같음

조광조는 자신이 죽은 후 장례에 대한 당부도 이렇게 남겼지.

'내가 죽거든 관을 얇게 만들고 두껍게 하지 말아라. 먼 길을 가기 어렵다.'

하였다.

- 위와 출처 같음

조광조는 마지막으로 먹을 갈아 세상에 남기는 시를 썼어. 그 시를 함께 읽어 볼까?

임금을 어버이처럼 사랑하였고, 나라를 내집처럼 근심하였네.

해가 아랫세상을 굽어 보니, 충정을 밝게 비추리.

[愛君如愛父 憂國如憂家 白日臨下土 昭昭照丹衷]

죽는 그 순간까지 임금에 대한 충성하는 마음을 버리지 않았다는 것을 잘 알 수 있어. 조광조의 억울한 죽음에 대해 중종실록을 기록한 사관들은 이런 비평의 글을 남겨 놓았단다.

사신은 논한다…이제 죽인 것도 임금의 결단에서 나왔다. 조금도 가엾고 불쌍히 여기는 마음이 없으니, 전일 도타이 사랑하던 일에 비하면 마치 두 임금에게서 나온 일 같다.

- 위와 출처 같음

중종이 그렇게 조광조를 사랑하고 신임했는데 일거에 이렇게 죽여 버리니 마치 두 얼굴을 가진 사람 같다고 하는 거야. 그리고 나뭇잎을 띄운 장본인인 남곤까지도 조광조의 죽음을 매우 슬퍼했다는 기록을 남기고 있지. '사필귀정(모든 일은 반드시 바른 이치로 돌아간다)'이라는 말이 있지. 조광조가 억울하게 죽은 것을 당대 사람들은 다 알고 있었어. 때문에 조광조가 세상을 떠난 직후부터 그의 신원을 회복해야 한다는 주장이 줄기차게 계속되었지. 드디어 사림파를 중용했던 선조가 등극한 원년인 1586년에 조광조는 억울한 누명을 벗고 사후지만 영의정에 추증되었단다.

상복차림으로 숨어 있다가 붙잡힌 광해군

광해군은 선조의 서자 출신으로 왕이 되었다는 콤플렉스가 있었어. 세자에 봉해질 때도 임진왜란이 일어나 한양을 버리고 피난 가는 상황이었지. 심지어 명나라에서는 광해군이 장자가 아닌 차남이라는 이유로 세자 책봉을 허락하지 않기도 했어. 게다가 설상가상으로 1606년에 선조의 계비인 인목대비가 영창대군을 낳았지. 그의 왕위는 바람 앞에 흔들리는 등불이었단다. 심지어 선조는 적자인 영창대군으로 세자를 바꾸려는 생각을 했다가 너무 어려서 실행에 옮기지는 않았지만 광해군을 노심초사하게 만들었어. 이 불안한 마음은 광해군을 받들고 있는 대북파(영창대군을 옹립하고자 하는 사람들을 소북파라 하고 광해군을 모시는 사람들을 대북파라고 해)가 더했어. 그래서 광해군이 선조가 죽은 후

겨우 왕위에 오르자 이이첨을 비롯한 대북파는 8살밖에 안된 영창대군을 서인으로 강등시킨 다음 강화도로 유배시켜 죽여 버리지. 이것은 선조가 죽기 전에 광해군에게 특별히 남긴 유서의 내용과 정반대의 행동이었어. 선조가 눈을 감을 때 광해군은 34살인데 비해 영창대군은 고작 3살이었지. 영창대군에게 왕위를 물려줄 수는 없고 걱정은 되니 중전(인목대비)에게 영창대군과 관련한 유서를 맡겨 광해군에게 주게 했어. 내용을 볼까?

형제 사랑하기를 내가 있을 때처럼 하고 참소하는 자가 있어도 삼가 듣지 말라.

이로써 너에게 부탁하니 모름지기 내 뜻을 몸으로 받아라.

- 선조 221권, 41년 2월 1일 18번째 기사 1608년

이 내용을 완전히 거스른 거지. 그런데 영창대군이 어떻게 유배지에서 죽음에 이르렀는지에 대해 실록에는 두 가지 기록이 있어. 하나는 광해군 일기의 것이고 또 하나는 인조실록의 것인데 어떻게 다른지 살펴볼까?

강화 부사 정항이 영창대군 이의를 살해하였다【정항이 고을에 도착하여 위리(圍籬, 유배당한 사람 집에는 사람들의 접근을 막기 위해 가시덤불이 가득 집에 위싸도록 한다.) 주변에 사람을 엄중히 금하고, 음식물을 넣어주지 않았다. 침상에 불을 때서 눕지 못하게 하였는데, 의가 창살을 부여잡고 서서 밤

낯으로 울부짖다가 기력이 다하여 죽었다...】

- 광해군일기[중초본] 75권, 광해 6년 2월 10일 임진 2번째 기사 1614년

...이정표가 광해의 뜻을 받들어 영창 대군이 거처하는 데로 가서 방에 불을 넣지 않았다. 이에 영창 대군이 늘 옷을 넣는 장롱 위에 앉았고, 때때로 섬돌 가에 나아가 하늘을 향하여 빌기를

"한 번 어머니를 보고 싶을 뿐입니다."

하였다. 이정표가 음식에다 잿물을 넣어 올리자 영창 대군이 마시고서 3일 만에 죽었다. 강화 사람들이 지금도 이 일을 말하려면 슬픔으로 목이 메어 말을 하지 못한다.

- 인조실록 8권, 인조 3년 3월 19일 정묘 3번째 기사 1625년

하나는 불을 너무 많이 때었다 했고 또 하나는 불을 때지 않았다고 했어. 어느 것이 맞는지는 아직 누구도 확실히 결론을 내리지 못하고 있단다.

광해군은 비록 자신보다 나이가 어리지만 엄연히 법적으로 어머니인 인목대비가 자식을 잃은 아픔과 친정 아버지가 누명으로 억울한 죽음을 당한 슬픔을 겪고 있는데도 그녀를 가차 없이 서궁에 10년간이나 가두는 인륜에 벗어나는 일을 했어. 때문에 지금도 광해군의 업적에 대해 학계에서는 논쟁 중이야. 한쪽에서는 실리 외교를 펼친 훌륭한 임금이었다는 주장을 하고 다른 한쪽에서는 그렇게 위대한 업적을 남긴 국왕은 아니라는 주장이 첨예하게 맞붙

고 있지.

그러나 분명한 사실은 그가 또 한번 일어날 수 있었던 전쟁을 막아냈다는 거야. 그가 아니었다면 의리와 도덕만을 부르짖는 대신들과 함께 멸망해 가는 명을 받들다가 후금의 노여움을 사서 큰 전쟁을 겪었을 수도 있어. 결론적으로 말하면 조선 임금 중 반정이 일어나 쫓겨난 임금이 둘 있는데 둘 중 연산군은 진정한 폭군이었지만, 광해군은 일면에 안타까운 면이 있다고 말할 수 있지. 허준으로 하여금 동의보감을 간행하게 해서 임진왜란 때문에 다치고 병이 들어 고통을 겪는 백성의 어려움을 살펴주고, 성곽을 수리하고 불타 버린 궁궐을 축조하면서 현명한 중립외교를 했음에도 불구하고 패륜적 행동 때문에 왕 자리에서 쫓겨났으니 말이야.

자, 이제 광해군의 마지막이 왔어. 앞에서 연산군은 승지를 붙잡고 부들부들 떨었다고 했는데 광해군은 어떤 모습이었을까? 실록 속의 기록을 찾아볼까?

... 초관 이항이 돈화문을 열어 의병이 바로 궐버로 들어가자 호위군은 모두 흩어지고 광해는 후원문을 통하여 달아났다. 군사들이 앞을 다투어 침전으로 들어가 횃불을 들고 수색하다가 그 횃불이 발에 옮겨 붙어 여러 궁전이 연소하였다...광해는 상제가 된 의관 안국신의 집에 도망쳐 국신이 쓰던 흰 의관을 쓰고 있는 것을 국신이 와서 고하므로 장사들을 보내 떠메어 왔고, 폐세자는 도망쳐 숨었다가 군인들에게 잡혔다.

- 인조실록 1권, 인조 1년 3월 13일 계묘 1번째 기사 1623년

반정군이 들이닥치는 과정에서 그들이 들고 다닌 횃불의 불씨 때문에 궁궐에 불이 나자 광해군은 그 혼란한 틈을 타서 창덕궁의 후원 담을 통해 달아났어. 창덕궁 후원에는 평상시에 궁인들이 밤에 바깥 출입을 편하게 할 수 있도록 긴 사다리를 놓아두곤 했거든. 담을 넘어 자신이 신임하는 의원인 안국신의 집으로 숨어들었지. 당시 안국신은 상중이었는데 광해군은 상복을 빌려 입고 숨어 있었어. 누가 난을 일으켰는지 몰랐던 광해군은 처음엔 그동안 너무 권력이 커진 이이첨이 아닐까 의심했어. 그러다가 들이닥친 군사들에게 붙잡히고 나서야 반정을 일으킨 주동자가 정안군의 아들인 조카 능양군이라는 사실을 알았지.

한편 실록에는 인조가 보낸 김자점과 이시방이 인목대비를 찾아가 광해군에 의해 10년 동안 닫혀 있던 서궁(지금의 덕수궁)이 열렸을 때 인목대비가 한 말을 기록하고 있어. 인목대비의 말에서 그녀가 지내왔던 참담한 세월을 잘 알 수 있어.

김자점과 이시방을 보내 왕대비에게 반정한 뜻을 보고하자, 대비가 하교하기를 '10년 동안의 유폐 중에 문안 오는 사람이 없었는데, 너희들은 어떤 사람이기에 이 밤중에 승지와 사관(史官)도 없이 이처럼 직접 보고하는가?' 하였다.

- 인조실록 1권, 인조 1년 3월 13일 계묘 1번째 기사 1623년

이 기사 내용을 통해 조선 시대 모든 정치적인 일이 행해질 때 실록을 기록하는 사관이 그 자리에 있어 사실을 기록했다는 것을 알 수 있어. 인목대비는 보통 사람이 아니었지. 인조가 직접 찾아오지 않고 아랫사람만 보내자 승지와 사관이 없이는 믿을 수 없다했거든. 그래서 인조가 의장을 갖추어 모셔오게 했는데도 조금도 움직이지 않고 결국 왕이 직접 오게 만들었지. 결국 인조는 광해군을 데리고 경운궁으로 와서 인목대비 앞에 석고대죄를 하여 겨우 마음을 돌린 다음에야 국새를 넘겨받을 수 있었단다.

그리고 광해군은 상복을 입은 옷차림 그대로 잡혀와 경운궁의 약방에 갇혔어. 이때의 인목대비의 심정을 한번 생각해 봐. 자신의 아들을 죽인 원수가 죄인이 되었고 자신은 자유의 몸이 된다는 소식을 들었을 때 죽은 아들과 친정 아버지 생각으로 마음에 엄청난 회오리바람이 몰아쳤겠지. 인목대비는 광해군과 자신의 관계를 이렇게 말해 사람들을 숙연하게 했단다.

자전이 이르기를,

"한 하늘 아래 같이 살 수 없는 원수이다. 참아온 지 이미 오랜 터라 내가 친히 그들의 목을 잘라 망령에게 제사하고 싶다. 10여 년 동안 유폐되어 살면서 지금까지 죽지 않은 것은 오직 오늘날을 기다린 것이다. 쾌히 원수를 갚고 싶다."

- 위와 출처 같음

인목대비는 광해군의 목을 직접 치고 싶어 했지만 인조는 과거에 연산군을 살려주었던 예를 따라 광해군을 강화도로 유배 보냈어. 이후 그의 유배지는 이괄의 난과 병자호란 등을 겪으면서 여러 차례 바뀌었는데 그동안 폐비 유씨도, 폐세자 이지와 폐세자 빈도 모두 세상을 떠났지. 특히 폐세자 이지는 강화도 교동 유배지에 위리안치되어 있었는데 가시 울타리 아래를 땅굴로 파서 도망을 치다가 붙잡혀 죽고 세자빈은 자살을 하였어. 다음이 그 가슴 아픈 기록이야.

폐세자 이지가 위리안치된 상황에서 땅굴을 70여 척이나 파 을타리 밖으로 통로를 낸 뒤 밤중에 빠져 나가다가 나졸에게 붙잡힌 사실을 강화 부사 이종로가 치계하여 보고하였다... (폐세자의 나인)막덕이 공초(심문에 답하는 것)하기를,

"폐세자가 처음 위리안치되었을 때 폐빈과 같이 죽기로 약속하고는 미리 멱목(幎目, 시신의 목을 싸는 헝겊)과 악수(幄手, 시신의 손을 싸는 헝겊)를 만들어 놓고 15일이 넘도록 물 한 모금 입에 대지 않은 적도 있었습니다. 어느 날 폐빈과 함께 목을 맨 것을 여종이 바로 풀어 주어 구해낸 적도 있었습니다. 그런데 전번에 가위와 인두가 서울에서 보내져 왔는데, 이것을 보고는 마침내 굴을 뚫겠다는 생각을 낸 것 같습니다. 그리하여 자기 손으로 직접 땅을 파서 빈으로 하여금 자루에 흙을 담게 하고는 방 안에 옮겨 두었는데, 시작한 지 26일 만에야 일을 끝냈습니다. ..."

- 인조실록 2권, 인조 1년 5월 22일 신해 1번째 기사 1623년

폐비는 폐세자의 죽음에 충격을 받아 바로 다음해에 눈을 감았어. 광해군은 마지막 유배지인 제주도에서 위리안치되었는데, 그를 지키는 별장이 상방을 쓰고 시종 일관 별장에게서 '영감'이라고 불리는 수모를 겪다가 67세를 일기로 생을 마쳤단다.

한명회선생 신도비

서울 강남의 부촌 중 하나는 바로 압구정 동이야. 이곳의 이름이 압구정이 된 것은 여기에 조선 세조부터 성종에 이르기까지 최고의 권력을 누렸던 한명회의 정자가 있던 곳이기 때문이야. 그가 화려하게 정계에 들어온 데에는 세조가 일으킨 계유정난이 계기가 되었지. 그의 할아버지는 명나라에 사신으로 가서 '조선'이라는 국호를 받아온 한상질로, 쟁쟁한 가문이었어. 하지만 한명회는 칠삭둥이로 태어나 살 수 있을지 의문일 정도로 몸이 부실했대. 그는 그래서인지 여러 번 과거에서 낙방하여 한량으로 젊은 시절을 보냈어. 그러다가 마흔이 다 되어 겨우 조상의 은덕으로 말단 관직인 경덕궁(이성계가 살던 개성의 집)을 관리하는 경덕궁직을 얻었어.

그러던 그에게 날개를 달아준 사건이 세종의 둘째 아들인 수양대군이 김종서, 황보인, 안평대군 등을 제거하고 왕이 되기 위해 일으킨 계유정난이지. 계유정난에서 책사로 활약하며 공을 세운 한명회는 1등 정난공신이 된 이후 세조의 깊은 신임을 받아 승승장구하기 시작했지. 뛰어난 지략가이며 무예를 즐겼던 그는 지금의 청와대 비서실장에 해당되는 도승지와 이조판서, 병조판서를 두루 거쳤고 우의정, 좌의정은 물론 영의정에까지 올랐어. 그 뿐이 아니야. 두 딸을 모두 왕비로 만들어서 예종의 비인 장순왕후와 성종의 비인 공혜왕후의 아버지가 되었어. 그의 권력이 최고봉에 올랐을 때는 예종이 즉위한 지 얼마 되지 않아 승하하고 그의 사위인 성종이 왕위에 올랐을 때야. 그는 아직 어린 성종을 대신하여 전권을 휘두르는 원상이 되었단다. 그러나 몸이 약했던 공혜왕후가 숨을 거둔 후 권력 핵심부에서 밀려나더니, 압구정 정자에서 개인적으로 명나라 사신을 접대한 것이 들통 나 모든 관직을 삭탈당했지. 그는 쓸쓸히 노후를 보내다가 눈을 감았는데, 이후 연산군이 일으킨 갑자사화 와중에 그도 무덤이 파헤쳐지고 관에서 시신이 꺼내져서 목이 잘리는 부관참시형을 받았어. 살아있을 때도 정말 소설 같은 인생이었는데 죽어서도 눈을 편히 감지 못하게 되었단다.

[실록 속 신분제도]
조선에서 신분에 따라
살아가는 삶

조선은 신분제 사회야. 조선의 신분제도를 법적으로 규정해 놓은 경국대전에 따르면 신분은 양인과 천인으로 구분되어 있어. 하지만 실제 생활에서는 크게 지배층과 피지배층으로 나누어져 양반과 중인은 지배층이 되고, 상민과 천민은 피지배층이 되었단다. 하지만 모든 특권의 상징인 양반이라 하더라도 반역죄를 저지르면 하루아침에 상민이나 천민에 속하는 노비의 신세가 되었지. 특히 조선 시대에는 연좌법이 있었기 때문에 반역죄를 저지르게 되면 친가는 물론 외가나 처가까지 연좌법에 의하여 처벌을 받았어. 폭군인 연산군은 내관 김처선의 경우 7촌의 친족들에게까지 벌을 주었지.

자, 그러면 조선왕조실록에서 신분제도와 관련한 흥미로운 기록들을 살펴볼까? 이야기를 풀어 나가는 동안 조선의 신분제도에 대한 공부가 저절로 이루어질 거야.

먼저 조선 최고의 성군으로 손꼽히는 세종이 사랑하는 소헌왕후를 연좌법에서 구해 내기 위해 마음 고생하는 내용부터 살펴볼게. 세종이 세자가 되자 장인이자 소헌왕후의 아버지인 심온은 청천 부원군이 되었고 부인 안씨는 국대 부인이 되었어. 그러나 태종은 세종에게 왕위를 물려주기로 한 후 세종이 왕권을 바로 세울 수 있도록 외척 세력의 싹을 아예 잘라내 버리고 싶어 했단다. 태종의 이러한 마음을 읽어낸 좌의정 박은이 심온을 무고하여 그는 반역죄로 죽음을 당하게 되었고 세종의 처가는 반역자의 집안이 되었지. 세종이 왕이 된 첫해의 일이야. 비록 태종은 상왕이 되었지만 아직도 군사권을 비롯한 모든 중요한 결정권은 태종이 갖고 있었어. 세종은 어떻게든지 상왕의 마음을 풀어 소헌왕후가 폐서인이 되는 일이 없도록 하기 위해 세심하게 마음을 썼어. 태종이 심온에게 사약을 내리기로 결정한 후 오히려 태종이 있는 수강궁을 찾아가 연회를 베풀고 시를 바치며 밤이 깊도록 놀아드렸다고 실록은 기록하고 있어. 세종의 이런 정성으로 소헌왕후만은 연좌법에 따라 폐서인이 되는 일은 없었지만 소헌왕후의 어머니와 여자 형제들은 모두 천인이 되어 관청의 노비가 되었지. 다음이 그 기록이야.

의금부에서 심온의 아내와 여러 딸들을 천인에 속하게 하자고 청하니…

상왕(태종)이 그 말대로 좇고, 명하기를,

"비록 천인에 속하게 하더라도 역사(役使 힘든 노동)는 말도록 하라."

고 하였다.

-세종 2권, 즉위년12월 4일 무술 2번째 기사 1418년

세종은 장모에 대한 관심을 잊지 않고 있다가 관비로 떨어진 지 7년 만에 천인에서 풀어주고 소헌왕후와 장모의 만남을 마련해 주었어.

이번에는 조선의 국모에서 하루아침에 폐서인으로 신분 역전이 된 단종비인 정순왕후에 대한 기록을 살펴볼게. 정순왕후는 17세에 단종과 강제로 헤어져 81세까지 동대문 밖 연미정동의 동망봉 기슭에 '정업원'이라는 암자를 짓고 단종의 명복을 빌며 살았어. 밤마다 암자 밖으로 그녀가 오열하는 소리가 처연하게 들려오자 민초들은 그녀의 기막힘을 동정하여 쌀과 채소 등을 가져다주었는데, 세조가 이것을 알고 민초들의 접근을 막았어. 그러자 아낙네들이 정업원 주변에 남자들은 오지 못하는 채소시장을 열어 감시꾼들을 따돌린 다음 송씨 부인을 도와주었다는 이야기가 전해지고 있어. 아래 기록은 염색업으로 생계를 이어 가는 그녀를 동정한 세조의 비이자 어린 성종의 뒤에서 수렴청정을 한 정희왕후가 대왕대비로서 내린 명이야.

> 대왕 대비가 전지하기를,
>
> "노산군의 처 송씨에게 그 친족들로 하여금 의식을 공급하여 살 바를 잃지 말게 하고..."
>
> - 성종실록 18권, 성종 3년 5월 23일 기미 2번째 기사 1472년

정순왕후는 이렇게 홀로 쓸쓸히 살다가 중종 때 눈을 감았단다. 그녀의 장

례는 단종의 누이인 경혜공주의 시댁인 해주 정씨 집안에서 치러 주었어. 또한 숙종 때 단종이 복위되면서 그녀도 정순왕후로 복위되었단다.

한편 조선 시대에는 서얼이라는 신분이 있었어. 서얼이란 양반과 혼인한 첩의 자손들을 말하는데, 태종 이래로 '서얼차대법'을 두어 본부인에게서 낳은 적자와 첩에게서 낳은 서자를 엄격하게 구별하고 차별하기 시작했어. 태종은 태조 이성계가 사랑한 신덕왕후 강씨에게서 겪은 트라우마 때문에 이러한 내용의 법을 만든 거야.

이러한 서얼에 대한 사회적 차별을 고발한 유명한 한글 소설이 바로 허균의 『홍길동전』이야. 서얼을 차별하는 것은 조선의 발전을 막는 족쇄였어. 이들의 불만은 하늘을 찌를 듯했지. 그 중에는 끼리끼리 어울리며 사고를 치기도 했어. 대표적인 사건은 광해군 때 서자들이 어울려 다니며 은을 파는 상인을 상대로 강도짓을 한 것인데, 그 중 박응서가 거짓으로 반란을 꾀했다고 하여 나라가 발칵 뒤집혔어. 이 역모에 연루된 인목대비의 친정 아버지인 김제남이 죽음을 당했단다.

이들의 가장 큰 불만은 아무리 실력이 좋아도 문관으로 나가기가 어렵다는 것이었지. 다음은 영조가 이런 사실을 말한 내용이야.

...중인과 서얼 중에도 역시 양반보다 우수한 자가 매우 많은데, 혹은 과거에 뽑혔어도 저지하고 억제하여 등용하지 않고 있다. 중국에서는 비록 노

예라도 급제하면 한림이 되는데, 이는 모두 우리나라의 규모가 매우 좁아서 그렇게 된 결과이다...

- 영조실록 62권, 영조 21년 7월 12일 임오 2번째 기사 1745년

그래서 이들은 주로 무과 시험을 보았지. 또는 나라에 곡식을 바치고 관직을 얻기도 했어. 다음에서 그 내용을 잘 알 수 있단다.

"...서얼인 경우, ... 60석이면 동반 9품, 80석이면 동반 8품, 90석이면 동반 7품, 1백 석이면 동반 6품을 제수한다."

- 선조실록 35권, 선조 26년 2월 16일 신축 9번째 기사 1593년

명종 때는 문정왕후가 수렴청정을 하던 시기에 한시적으로 '서얼허통법'이라고 해서 서얼도 과거 응시를 가능하게 해 주었지만 곧 양반들의 집중적인 반대를 받아 중단되었어. 그러다가 정조가 다시 서얼에 대한 차별을 금지하고 실제로 규장각에 서얼 출신들을 등용하여 학문을 발전시켰단다.

이번에는 실록에 나와 있는 중인에 대한 기록을 살펴볼게. 중인은 관청에서 행정의 실무를 담당하거나 역관, 의관, 율관 등과 같이 기술 관직에 종사한 사람들을 말해. 그 유명한 『동의보감』을 지은 허준도 중인이었지. 하지만 조선에서는 이들을 양반과 엄연하게 구분을 했어. 성종이 탁월하게 능력 있는

『동의보감』

중인들을 양반에 속하는 동반과 서반으로 올려주자 대사헌이 나서서 조목조목 따지며 반기를 들었지.

...그러므로 우리 조정에서는 조종조 이래로 의관과 역관을 따로 설치하고 그 부지런하고 게으른 것을 고찰하여 올리기도 하고 버리기도 하여 그 녹을 주었으니, ...그 가운데에서 조금 우수한 자는 간혹 올려서 당상관을 삼기도 하고 혹은 2품으로 승진시키기도 하였으나, 이 또한 특별한 은전이고 선왕의 제도는 아닙니다. 더구나 이들은 거의 모두가 미천하고 본래 명성 있는 부류는 아닙니다...

- 성종실록 140권, 성종 13년 4월 15일 계축 2번째 기사 1482년

어때? 조선 사회가 중인을 보는 눈을 잘 알 수 있겠지? 중인들은 조선 중기만 하더라도 복장이 남루하다는 기록이 있어 생활이 윤택하지 않았음을 알 수 있어. 그런데 역으로 조선 후기가 되면 중인들의 사치가 심해져 침실에 비단 장식을 하는 이들을 단속했다는 기록이 있어. 이것은 특히 역관들이 중국을

오가며 부를 쌓아 올리면서 생겨난 일이야. 뿐만 아니라 이들이 중국에서 쌓아오는 경험도 다양해져 이를 바탕으로 사회적 엘리트로 활동하기 시작하지.

이번에는 조선 사회에서 상민에 속하는 사람들에 대한 기록을 살펴보자. 조선 사회의 상민은 농업, 상업, 수공업 등 생산 활동에 종사하는 사람들을 말해. 조선 시대에는 '농자천하지대본(農者天下之大本, 농업은 천하의 사람들이 살아가는 큰 근본)'이라는 말이 있듯이 농민을 가장 중요시하여 국가 재정의 근본으로 여겼어. 농민이 잘되어야 국가도 잘된다는 사상이 조선 시대 내내 강조되었지.

태종은 상민들에게 호패를 지니고 다니도록 하여 인구 동태를 파악하고 군역을 부과하는 기본 자료로 삼았어. 실록에는 호패의 규격이 놀랍도록 상세하게 기록되어 있단다.

"(호패의)모양은 길이가 3촌 7푼, 너비가 1촌 3푼, 두께가 2푼이고, 위는 둥글고 아래를 모지게 합니다. ..."

- 태종실록 26권, 태종 13년 9월 1일 정축 4번째 기사 1413년

지금 우리가 성인이 되면 지니고 다니는 주민등록증은 모두 재료가 같잖아? 그런데 조선 시대의 호패는 신분에 따라 재료가 달랐어. 2품 이상은 상아를 쓰는데 녹각으로 대용하고 오로지 대궐에 들어올 때에만 사용하며, 4품 이상은 녹각을 쓰는데 황양목으로 대용하며, 5품 이하에는 황양목을 쓰는데 자

작목으로 대용하며, 7품 이하에는 자작목을 쓰고 서인 이하는 나무를 썼어.

현대의 주민등록증에는 사진이 들어 있는데 호패는 인상착의를 어떻게 나타내게 했을까? 다음에서 알 수 있어.

호패

...서인(庶人)도 또한 같으며, 다만 얼굴은 무슨 색이고 수염이 있는지 없는지를 덧붙입니다.

- 위와 출처 같음

참 재미있지? 얼굴색이며 수염이 있고 없고까지 상세히 써두었으니 말이야. 흥미로운 것은 노비들에게도 호패를 차고 다니게 하면서 호패 내용을 좀 더 자세히 기록하도록 했다는 거야. 호패를 내보이면 노비인지 아닌지를 바로 알 수 있게 했어.

종들은 아무 집 종·나이 얼마·거처 아무 곳 아무 리·얼굴 색·수염이 있는지 여부·신장이 몇 척 몇 촌이라 써서...

- 위와 출처 같음

상민은 평민, 양인으로도 불리었는데 농민 외에 상인과 수공업자가 있었어. 상민 중에서는 농민이 사회적 대우가 가장 좋았지. 농민은 토지의 수확물을 납부하는 조세, 특산물을 내는 공납, 군인이나 토목공사에 동원되는 부역 등의 의무를 지고 있었어. 16세기 이후에는 군역 대신에 군포를 내야 했는데, 16세에서 60세의 양인 장정 한 사람당 내게 하는 인두세여서 매우 부담스러웠어. 그런데 양반들은 군포를 부담하지 않았어. 숙종 때부터 상민의 군포 부담을 덜어 주기 위해 군포세를 집집마다 내는 호포세로 바꾸려고 했지만 양반들의 반대가 매우 심해서 시행할 수가 없었지. 그래서 조선 후기에는 족보를 사거나 곡식을 바치고 양반이 되려는 자가 엄청나게 늘어나 국가의 큰 골칫거리가 되었어. 다음은 정조 때 박필관이라는 백성이 신문고를 쳐서 하소연을 한 내용이야.

백성 박필관이 신문고를 쳐서 아전과 백성들이 계(契)를 맺는 것, 상민과 천민들이 거짓으로 족보를 만드는 것, 소를 기준 없이 도살하는 것, 생 소나무를 함부로 베는 것 등을 금지시키도록 청하였다...

- 정조실록 32권, 정조 15년 1월 22일 정유 2번째 기사 1791년

한편 임진왜란 이후에는 워낙 국가재정이 부족하여 아예 나라에서 상민들에게 관직을 팔아 양반으로 신분을 올려주기도 했어. 방법은 곡식을 내면 관직을 하사하는 첩지를 주는 것인데 이름 쓰는 칸이 비어있었지. 이것을 '공명

아무개를 가선대부 호조 참의에 추증하는 공명첩

첩'이라고 해. 임진왜란 때는 왜군과 용감히 싸우도록 독려하기 위해 권율과 같은 장군들에게 공명첩을 내려 보내주기도 했어. 공명첩은 상민에게만 해당되는 것이 아니라 양인이 되고 싶은 천민들에게도 적용되는 것이었지.

참, 그럼 상민들은 과거를 볼 수 없었을까? 그렇지 않아. 경국대전에는 상민도 과거를 볼 수 있다고 되어 있거든. 그러나 과거 준비에는 많은 시간과 비용이 들어 실제로 상민이 과거에 응시하기는 매우 어려웠단다.

자, 이번에는 천민에 대해 알아볼까? 조선 시대의 가장 천한 신분은 천민이었어. 노비, 기생, 무당, 백정, 재인 등이 이에 속했는데, 노비는 대대로 노비 신분을 세습했을 뿐 아니라 물건같이 사고팔거나 물려줄 수 있고 남에게 선물로 줄 수도 있었어. 또 노비종모법에 따라 어머니가 노비면 태어나는 아이도 노비가 되도록 했단다.

하지만 이렇게 하면 양인의 숫자가 줄어들기 때문에 실록에 보면 조선 후기로 갈수록 대신들 간에 치열한 논쟁이 벌어진 것을 알 수 있어. 예를 들면 서인들이 집권하던 숙종 때는 종모법 대신에 종량법이 시행되어 부모 중 한쪽이 양인이면 자식도 양인으로 하게 했지. 그러다가 남인이 집권할 때는 환천

법이라고 하여 태어난 아이를 노비가 되게 하였단다.

노비에는 국가에 속한 공노비와 개인에게 속한 사노비가 있었어. 사노비는 주인집에서 함께 사는 솔거 노비와 독립된 가옥에서 사는 외거 노비로 나뉘어 졌지. 외거 노비는 주인이 시키는 노동을 하면서 신공이라고 해서 매년 면포 1.5필의 몸값을 바쳐야 했단다.

그렇다면 과연 권력을 가진 왕자는 노비를 몇 명 정도 거느렸을까? 어마어 마했겠지? 선조의 명에서 알 수 있어.

> "대군에게 경중 노비 합계 50구, 외거 노비 합계 2백 구, 전답 합계 2백 결을 내려라."
>
> - 선조실록 209권, 선조 40년 3월 5일 무진 2번째 기사 1607년

왕자 한 명이 거느린 노비가 이렇게나 많았단다.

우리는 이 기사에서 노비를 세는 단위를 알 수 있어. 노비는 사람으로 취급 하지 않았기 때문에 한 명 두 명과 같이 '명'이라고 하지 않고 '구'라고 했단다.

사람 취급도 못 받을 만큼 조선 시대에 노비로 살아가는 것은 비참한 삶이 었어. 하지만 예외로 세종대왕은 노비들에게도 따뜻한 임금이었어. 아기를 가진 만삭의 노비를 위해 출산휴가를 주라고도 했단다.

> "...산기에 임박하여 복무하였다가 몸이 지치면 곧 미쳐 집에까지 가기 전
> 에 아이를 낳는 경우가 있다. 만일 산기에 임하여 1개월 간의 복무를 면제
> 하여 주면 어떻겠는가. ...이에 대한 법을 제정하게 하라."
>
> - 세종실록 50권, 세종 12년 10월 19일 병술 6번째 기사 1430년

뿐만 아니라 소와 돼지를 잡는 사람들이 신분이 천하여 사람 대접을 받지 못
하니 '화척'이라고 불러왔던 이름을 백정으로 바꾸게 된 시기도 세종 때란다.

> 병조에서 계하기를,
>
> "재인(광대를 말함)과 화척은 본시 양인으로서, 업이 천하고 칭호가 특수하
> 여, 백성들이 다 다른 종류의 사람으로 보고 그와 혼인하기를 부끄러워하
> 니, 진실로 불쌍하고 민망합니다. 바라옵건대, 칭호를 백정이라고 고쳐서
> 평민과 서로 혼인하고 섞여서 살게 하며..."
>
> - 세종실록 22권, 세종 5년 10월 8일 을묘 8번째 기사 1423년

시민의 자유를 누리며 현대에 사는 우리들은 신분제 사회가 얼마나 사람들
을 옥죄었는지를 실감하지 못하지. 실록이 전해주는 신분에 따른 여러 사회
적, 법적 제한과 차별적 대우들을 읽어 보면서 자유가 얼마나 소중한 것인지
를 느껴 보길 바랄게.

조선 시대하면 보수적이고 고루하게 생각되지? 그런데 놀랍게도 지금의 타투같이 스스로 원하여 자신의 몸에 문신을 한 사람들도 있었단다. 그것도 바로 사랑의 증표를 남긴 것이었지. 그 예를 살펴볼까?

어을우동은 정을 통한 남자들에게 팔뚝에 자신의 이름을 새기도록 했지.

> 방산수 난의 집 앞을 지나다가, 난이 맞아들여 간통을 하였는데, 서로 좋아하고 정이 매우 두터워서 난이 자기의 팔뚝에 이름을 새기기를 청하여 〈먹물로〉 이름을 새기었다...
>
> 어을우동이 박강창을 나와서 보고 꼬리를 쳐서 맞아들여 간통을 하였는데, 어을우동이 가장 사랑하여 또 팔뚝에다 이름을 새기었다.
>
> 서리 감의향이 길에서 어을우동을 만나자, 희롱하며 따라가서 그의 집에 이르러 간통하였는데, 어을우동이 사랑하여 또 등에다 이름을 새기었다.
>
> - 성종 122권, 11년(1480 경자) 10월 18일(갑자) 5번째 기사

어때? 굉장하지? 우리는 문신이 서양에서 현대에 들어온 것으로 생각하지만 우리나라에도 이미 조선 시대에 몸에 문신을 한 예가 있었다는 것을 친구들에게 알려 주면 모두 놀라워할 거야.

[실록 속 범죄와 처벌]
엄중한 법 집행으로 이루어낸
조선 사회의 질서

조선왕조실록을 읽어보면 조선에서 일어난 사회사 역시 잘 알 수 있어. 조선은 유교 사회이지만 눈이 번쩍 뜨일 정도의 희귀한 범죄들이 일어났지. 이러한 범죄를 저지른 사람들에 대한 처벌은 어떠했을까? 지금으로서는 상상도 할 수 없는 강력한 형벌이 주어졌단다. 조선 사회의 법과 사회상을 함께 들여다보도록 하자.

조선은 중국 명나라의 기본법전인 대명률을 참고하여 처벌 기준을 정하는 경우가 많았어. 중국의 고전인 『사서삼경』 중 하나인 서경에는 하늘을 거역하는 큰 죄를 저지른 자에게는 5형에 처하라고 되어 있어. 5형이란 자자(剌子)라고 하여 얼굴에 글자를 새기는 묵형(墨刑), 코를 베는 의형(劓刑), 발뒤꿈치를 베는 비형(剕刑), 남자의 생식기를 제거하는 궁형(宮刑), 목을 베는 대벽(大辟)형이 그것이지. 글로만 봐도 굉장히 끔찍하지? 이런 끔찍한 형벌이 실제로 행해진 예가 있어. 중국의 대표적인 사서인 『사기』를 쓴 사마천은 5형 중 궁형을 당하여 남성의 상징이 없어지면서 등은 굽고 수염도 없어지고 여자 같은 목소리가 나는 치욕의 삶을 살았지. 그런 와중에 부친의 유고를 받들어 역사에 길이 남는 명저를 저술했어.

조선에서는 5형 중 묵형과 대벽형이 행해졌는데 묵형이라는 표현은 하지 않고 '자자(刺字)', 즉 '글자를 새긴다'라고 했단다. 아래는 세조 때 기록인데 소와 말을 훔친 사람에게 '절도'라고 두 글자를 새기던 것을 '도우마'라는 세 글자를 새기는 것으로 바꾸자는 내용이야.

청컨대 우마를 도둑질하여 죽였으되 종범(從犯, 공범)인 자는 일체 구법에 의하여 장(杖) 1백 대에 자자(刺字)하여 수군 충당하소서... 또 '절도' 두 자를 자자(刺字)한다면 재범하여 교형(絞刑, 교수형)에 처할 때에 분간하기가 어렵겠으니, 지금부터 우마의 도둑은 '도우마(盜牛馬)' 세 글자를 자자(刺字)하여 후일의 빙고(憑考, 여러 가지를 비추어 살핌)에 이바지하게 하소서.

- 세조실록 24권, 세조 7년 5월 8일 정미 4번째 기사 1461년

휴, 생각만 해도 몸서리쳐지지? 얼굴에 나쁜 일을 한 것을 알리는 글자를 새겨 넣으니 말이야. 하지만 몇 년 전에 높은 시청률을 자랑했던 드라마 〈추노〉와 같이 도망간 노비들의 얼굴에 글자를 새기는 것은 아니었단다.

앞에서 말한 것처럼 세종은 노비의 인권에 깊은 관심을 가지고 개인 노비라도 관에 알리지 않고 함부로 벌을 주었다가 죽이면 엄벌에 처하겠다고 했어. 주인들이 행하는 악형들의 예가 실록에 나와 있지.

"지금부터는 노비가 죄가 있건 없건 간에 관에 알리지 않고 구타 살해한 자는 일체 옛 법례에 따라 법대로 처단할 것이며, 만약 포락(炮烙)·의형(劓刑)·이형(刵刑)·경면(黥面)·고족(刳足)과 혹은 쇠불이 칼날을 사용하거나, 큰 나무나 큰 돌을 사용하는 등 모든 참혹한 방법으로 함부로 죽인 자라도, 그 죽은 자의 가족이 자기의 노비가 아니면 속공(屬公, 관에 귀속시키는 것)시키지 못하도록 한다..."

- 세종실록 105권, 세종 26년 윤7월 24일 신축 3번째 기사 1444년

노비의 주인이 지금으로서는 상상도 할 수 없는 악형을 노비에게 가하는 것이 다반사였다는 것을 알 수 있어. 악형에는 어떤 것들이 있었을까?

자세히 설명하자면 먼저 포락형이라는 것이 있었어. 포락형은 구리 기둥에 기름을 바르고 숯불로 뜨겁게 달군 뒤 그 미끈거리고 뜨거운 기둥 위를 걷게 하는 형벌이야. 그 다음은 코를 자르는 의형과 귀를 자르는 이형, 글자를 얼굴에 새기는 경면형이 있었어. 또 고족형이라고 해서 발바닥의 속을 도려내는 것도 있었지.

이런 잔인한 형벌들이 실제로 일어났던 기록을 세종 때 실록에서 찾아볼 수 있어. '인간 돼지 사건'이라고 언급한 무서운 사건이지. 한 여성이 질투에 눈이 멀어 남편이 사랑한 노비를 고문 끝에 거의 죽음에 이르게 한 경우인데, 남편은 집현전의 관리로 공부에 전념하고 있는 선비였지. 사건의 전말을 이렇단다. 어느 날 형조판서가 길을 가는데 이상한 광경을 보았어. 어느 노비가

이상한 짐을 짊어지고 가는데 가죽과 뼈가 완전히 말라붙어 파리하지만 그 모습이 꼭 사람 같은 거야. 형조판서는 깜짝 놀라서 그 종을 불러 상황을 알아보았지. 그랬더니 집현전 관리인 권채가 덕금이라는 여종을 첩으로 삼았는데 그의 아내 정씨가 질투를 하여 남편에게는 여종이 다른 남자를 만나서 도망가려 하였다고 거짓말을 한 다음 무지막지한 고문을 한 것이었어. 정씨는 덕금의 아름다웠던 삼단 같은 머리카락을 자르고 하루 걸러 밥을 주어 강제로 굶긴 다음 덕금을 인간 돼지로 만들어 똥을 먹이려 하였어. 덕금이 똥을 먹으려 하지 않자 항문을 침으로 찌르는 고문을 하여 똥은 물론 똥에 생긴 구더기까지 강제로 먹게 하고 여러 달을 매질하고 학대하여 거의 죽게 만든 거야. 이 사건에 대한 결과는 어떻게 되었을까? 다음의 실록 기사에서 알 수 있어.

의금부에서 계하기를,

"권채가 비첩 덕금을 고랑으로 채워서 집안에 가두었는데, 그 아내 정씨가 덕금을 질투하여, 머리털을 자르고 똥을 먹이고 항문을 침으로 찌르며 하루 걸러서 밥을 주는 등, 여러 달을 가두어 두고 학대하여 굶주리고 고통을 주어 거의 죽게 되었으니, 형률에 의거하면 권채는 장 80, 정씨는 장 90에 해당합니다."

하니, 권채는 직첩을 회수하고 외방에 부처시키고, 정씨는 속장에 처하게 하였다.

- 세종 37권, 9년(1427 정미) 9월 3일(무자) 2번째 기사

외방에 부처시킨다는 말은 변경지대로 유배를 보낸다는 것이고 속장이란 곤장의 수만큼 돈을 내서 형을 면제받는 거야. 만약 노비가 주인을 죽인 경우엔 어떻게 되었을까? 그냥 목을 베는 것이 아니라 조선 시대의 처벌 중 가장 큰 벌인 능지처사형에 처했지.

이번에는 가뭄이 극심해지자 자신이 낳은 아이들을 먹어 치운 비정한 어머니와 관련한 실록의 기사를 살펴볼게.

"연산에 사는 사비(私婢, 개인노비) 순례가 깊은 골짜기 속에서 살면서 그의 다섯 살된 딸과 세 살된 아들을 죽여서 먹었는데, 같은 마을 사람이 소문을 듣고 가서 사실 여부를 물었더니 '아들과 딸이 병 때문에 죽었는데 큰 병을 앓고 굶주리던 중에 과연 삶아 먹었으나 죽여서 먹은 것은 아니다.'고 하였다 합니다. 이른바 순례는 보기에 흉측하고 참혹하여 얼굴 생김새나 살갗·머리털이 조금도 사람 모양이 없고 미친 귀신 같은 꼴이었다니 반드시 실성한 사람일 것입니다. 그렇지만 실성하였다 하더라도 이는 실로 예전에 없었던 일이고 범한 것이 매우 흉악하므로 잠시 엄히 가두어 놓았습니다. 해조를 시켜 품처하게 하소서."...

- 현종개수실록 23권, 12년 3월 21일 3번째 기사 1671년

여기에 대한 처벌은 어떤 것이었을까? 실록에 순례에 대한 처벌은 나와 있지 않지만 큰 죄를 저질렀으니 아마도 목이 잘리는 참수형을 당했을 거야. 순

례가 사는 고을의 수령과 감사에게 책임을 물어 처벌했다는 기록이 있어 나라에서 관리가 백성을 바르게 인도하고 다스리는 책임을 지고 있다는 것을 살펴볼 수 있어. 또 부모를 죽이거나 아내가 다른 남자와 정을 통하면서 남편을 죽여도 능지처사에 처했지. 현종 때 막립이라는 사람은 누이를 비롯한 8명을 죽여서 역시 능지처사를 당했어.

막립은 정주에 살면서 도둑질을 했는데, 항상 자기의 누이가 어머니의 밭을 팔아서 자기에게 나누어 주지 않은 것을 원망하였다. 그리하여 누이의 원수인 해봉 등과 함께 공모하여 나무 몽둥이로 누이 부부와 아들 딸 모두 8구를 때려 죽였다가 이때에 이르러 일이 발각되었는데, 능지 처사하였다.

- 현종개수실록 3권, 현종 1년 5월 27일 신사 2번째 기사 1660년

조선 시대에는 죄인 중 참형이나 능지처사를 당하게 된 죄인에 대한 공정한 결정을 위해 삼복제와 삼성 교좌를 실시했어. 삼복제를 지키라고 당부하는 중종의 명을 읽어 볼까?

"...무릇 사죄(死罪, 살인죄)에 들어 있는 사람은 반드시 삼복(三覆)을 하게 한 것은 인명을 중히 여기기 때문이다. 사람을 죽인 사람은 목숨으로 보상함이 마땅하다. 그러나 형관은 모름지기 반복해서 자세히 살펴야 할 것이다."

- 중종실록 66권, 중종 24년 9월 12일 5번째 기사 1529년

삼복법은 일심은 수령이 내리고, 이심은 감사가 하고, 삼심은 형조에 서류를 제출하는 것을 말하지. 이것은 고려 시대 때부터 실시되었는데 제대로 잘 시행되지 않아서 태종 때에 이어 중종 때 이런 기사가 실려 있는 것이란다.

한편 삼성교좌란 큰 죄를 지은 사람들을 국문하던 의정부, 사헌부, 의금부나 혹은 사헌부, 사간원, 의금부의 세 관청이 서로 돌아가며 죄인을 교대로 조사해 보는 것을 말하지. 역시 공정한 심판을 위한 것이었는데 대명률에 규정된 반역과 악역, 불효, 내란죄, 반역을 모의하는 일, 대불경죄와 인륜도덕을 해치는 등의 큰 범죄 행위 때 실시했어.

악형 때문에 고통 받는 백성들을 생각해서 고문을 하는 형틀을 없애라고 명령한 임금들도 있었어. 영조와 그의 손자인 정조이지. 영조 때의 실록 기사를 읽어볼까?

...역대의 형법을 논하고 드디어 하교하여 승지로 하여금 법조에 가서 경자(黥刺, 글자를 새김)하는 제구를 가져다 불사르게 하고, 말하기를,

"(글자를 새기면) 한 번 손상된 것이 종신토록 없어지지 않으니, 어찌 슬프지 않겠는가? 영을 어기고 다시 쓰는 자는 중벌하겠다."

하고, 또 비국(備局, 비변사)을 시켜 모든 지방의 벌을 주는 도구를 조목조목 조사하여 적어서 엄금하게 하였다.

- 영조 51권, 16년 5월 7일 1번째 기사 1740년

그런데 참 아이러니한 일이지. 이렇게 백성들을 위해 형틀을 없애게 했던 영조는 스스로의 분노를 참지 못하고 정작 자신의 아들인 사도 세자는 겨우 사람 하나 들어갈 정도의 쌀을 담는 뒤주에 넣어 굶겨 죽이는 형벌을 내렸으니 말이야. 당시 정조는 사도 세자가 할아버지에 의해 산채로 굶겨 죽임을 당하는 기막힌 일을 막기 위해 아버지를 살려달라고 할아버지에게 매달렸지만 소용이 없었어. 정조가 왕이 된 후 형벌제를 완화한 것은 할아버지가 실시한 제도를 계승하는 면도 있지만 형벌을 당하는 가족의 심정을 익히 경험하였기 때문에 내린 처사라고 할 수 있단다.

알아 두면 더 좋은 이야기 **혜경궁 홍씨가 한중록을 지은 이유**

조선 시대 여성 문학의 백미를 장식하고 있는 작품은 사도 세자의 비이자 정조의 어머니인 혜경궁 홍씨가 지은 『한중록』이야. 『한중록』에 실린 사도 세자가 뒤주에 갇히는 대목을 읽은 사람은 사도 세자를 향한 혜경궁 홍씨의 애틋한 마음에 안타까움을 금치 못하지. 다음이 사도 세자의 죽음을 기록한 내용이란다.

거기 있는 것이 부질 없게 생각되어 세손 계신 데로 와서 서로 붙잡고 어찌할 줄 몰랐더니 신시(오후 3시와 5시 사이)전후쯤 버판이 들어와서 밖 소주방에 있는 쌀 담는 궤를 내라 하였다. 이것이 어찌된 말인지 황황하여 내지 못하고 세손궁이 망극한 일이 있는 줄 알고 문정 앞에 들어가,
"아비를 살려 주옵소서."
하니, 대조께서,
"나가라!"
하고 엄히 호령하시니, 세손이 나와 왕자 재실에 앉아 있었는데 그때 정

경이야 고금 천지간에 없으니 세손을 버어 보내고 천지가 개벽하고 일월이 어두웠으니 내 어찌 일시나 세상에 머무를 마음이 있으리요. 칼을 들어 목숨을 끊으려 하였으나 옆의 사람이 빼앗아서 뜻을 이루지 못하고 다시 죽고자 하되 촌철이 없어 못하고 휘령전 나가는 복문 밑으로 가니 아무것도 보이지 않고 다만 대조께서 칼 두드리시는 소리와 소조께서,

"아버님 아버님, 잘못하였으니 이제는 하랍시는 대로 하고 글도 읽고 말씀도 다 들을 것이니 이리 말으소서."

하시는 소리가 들리니 간장이 마디마디 끊어지고 앞이 막히나 가슴을 아무리 두드린들 어찌하리요...

그러나 『한중록』을 쓴 이유는 남편인 사도 세자가 억울하게 죽은 것을 기록으로 남기기 위한 것이 아니었어. 『한중록』 곳곳에 사도 세자가 정상적인 사람이 아니었다는 내용이 기록되어 있지.

사도 세자의 아들인 정조는 즉위한 후 사도 세자를 죽음에 이르게 했던 노론의 영수들을 제거했는데 거기에는 자신의 외할아버지인 홍봉한은 물론 작은 외할아버지인 홍인한과 외삼촌들이 포함되어 있었어. 정조는 가슴 아파하는 혜경궁 홍씨에게 그녀가 칠순이 되는 해에 풍산 홍씨 집안에 대한 명예를 회복시켜 주겠다고 약속하였지. 그러나 정조는 그 약속을 지키지 못하고 혜경궁 홍씨의 칠순 4년 전에 죽고 말았어. 이에 혜경궁 홍씨는 새롭게 임금이 된 순조에게 자신의 친정은 사도 세자의 죽음과 무관하며 정조가 살아생전에 친정의 명예회복을 해 주기로 하였다는 것을 탄원하기 위하여 쓴 것이란다.

[실록 속 민란]
백성, 반기를 들다

2014년에 강동원이 주연을 한 영화 〈군도-민란의 시대〉
에는 조선 후기에 발생한 대표적 민란이 소개됐었지. 15세기에 충청도에서 일
어난 의적의 원조 홍길동의 난, 16세기에 황해도, 경기도, 강원도 일대에서 일
어난 임꺽정의 난, 17세기에 황해도 구월산에서 일어난 장길산의 난, 그리고
19세기에 지리산을 근거로 발생한 추설을 담고 있어. 이 영화 외에도 제주
도에서 일어난 민란인 이재수의 난이 1999년에 영화화되기도 했단다. 역사
교과서에서 언급된 조선 시대의 민란은 홍경래의 난, 진주 민란, 임술 민란이
있고 연구 성과에 따라 역사 용어가 동학 농민 운동으로 바뀐 동학난이 있어.
또 드라마를 통해 우리가 익히 들어온 의적 떼인 일지매가 있지. 자, 그럼 민
란과 도적떼에 대해 조선왕조실록에서는 어떤 기록을 남기고 있는지 살펴볼
까? 흥미진진한 내용이 펼쳐질 거야.

우선 위에서 거론한 민란이나 반란에 대한 방대한 내용의 실록 기사를 모
두 소개하는 것은 무리이므로 대표적인 내용만 소개할게. 실학자인 성호 이

『홍길동전』

익은 홍길동, 임꺽정, 장길산을 조선 3대 도적이라 했어. 유명한 도적들인 만큼 홍길동의 난은 허균의 『홍길동전』으로, 임꺽정의 난은 홍명희의 『임꺽정』으로, 장길산은 황석영의 『장길산』으로 다시 태어나 많은 독자들의 심금을 울렸지. 조선왕조실록에서 이들과 관련한 기사를 찾아보면 홍길동의 난이 일어났던 연산군 때 관련 기록이 5개, 임꺽정의 난이 일어난 명종 때 관련 기록이 18개, 장길산이 일어난 숙종 때 관련 기록이 3개인 것으로 보아 가장 큰 민란이 임꺽정의 난이라는 것을 알 수 있지. 우선 실록에서 홍길동을 잡았다는 내용을 읽어보자.

영의정 한치형·좌의정 성준·우의정 이극균이 아뢰기를,

"듣건대, 강도 홍길동을 잡았다 하니 기쁨을 견딜 수 없습니다. 백성을 위하여 해독을 제거하는 일이 이보다 큰 것이 없으니, 청컨대 이 시기에 그 무리들을 다 잡도록 하소서."

하니, 그대로 좇았다.

- 연산군일기 39권, 연산 6년 10월 22일 계묘 2번째 기사 1500년

홍길동은 당상관이 입는 옥정자와 홍대 차림을 하고 첨지라 칭하면서 떼를 지어 무기를 가지고 관청을 수시로 드나드는 기탄없는 행동을 했단다. 그럼

114

에도 유향소의 품관들이나 고을의 하급 관리들이 홍길동을 고발하거나 체포하려고 하지 않았으므로 그들에게 벌을 주어야 한다는 실록의 기사를 통해 홍길동이 백성들 사이에 의적으로 통했다는 것을 짐작해 볼 수 있어.

또 임꺽정의 난과 관련한 실록 기사를 읽어 보면 당시의 임금과 관리들이 백성을 돌보지 않고 부패했다는 것을 잘 알 수 있어. 우선 임꺽정의 난이 얼마나 큰 반란이었는지 실록의 기사를 읽어볼까?

헌부가 아뢰기를,

"도적의 두목 임꺽정이 흉악한 무리들을 불러 모아 사람을 죽이고 재물을 빼앗는 등 못하는 짓이 없더니 심지어 관군에 대적하여 왕이 보낸 사신을 죽이기까지 하였습니다. 나라를 배반한 도적으로 이보다 더한 것이 없으므로 순경사를 특파하여 부월(斧鉞, 임금이 버린 권위를 나타내는 상징적인 도끼)을 들고 위엄을 보이게 한지 얼마 안 되어 도적의 괴수를 사로잡았다고 명을 받들어 보고하니 천심이 기뻐하셨습니다. 그러나 이제 의금부가 추국(조사)한 말을 들어보면 그가 임꺽정이 아닌 것이 분명합니다..."

- 명종실록 27권, 명종 16년 1월 7일 무진 1번째 기사 1561년

이것은 공을 다툰 사람들이 임꺽정도 아닌 사람들을 가혹한 고문을 하여 강제로 임꺽정이라고 자백하게 해 거짓으로 아뢰었다가 탄로가 나거나, 형인 가도치를 잡고 임꺽정이라고 했다는 실록 기사의 일부야. 임꺽정의 난과 관

런한 실록의 기사는 전문 역사학자들에게 매우 중요한 기사로 평가받고 있어. 그 이유는 임꺽정의 난과 관련한 실록의 기사마다 사관이 날카롭게 당시의 시대상을 비판한 논평이 빼곡히 들어 있기 때문이야.

사신은 논한다. 윤원형과 심통원은 외척의 명문 거족으로 물욕을 한없이 부려 백성의 이익을 빼앗는 데에 못하는 짓이 없었으니, 대도(大盜, 큰 도적)가 조정에 도사리고 있는 셈이라, 하류들도 휩쓸려 이익을 추구함에 있어 남에게 뒤질세라 야단임은 물론 자기만 알고 임금은 생각하지도 않게 되었다. 백성들이 곤궁하여 재물이 떨어지게 되면 모여서 도둑이 되는 것인데 하나의 도둑이 일어나자 1백 사람이 호응하여 서쪽 변방이 소란스럽게 되었고 양민이 해를 입어 마을이 텅 비게 되었으니, 아, 참혹스럽다.

- 명종실록 27권, 명종 16년 1월 3일 갑자 2번째 기사 1561년

칼날처럼 비판적인 어조가 감탄스럽지? 다음의 사론은 임꺽정의 난이 일어나게 된 근본적인 원인은 정치를 잘못했기 때문이라며 정면으로 화살을 던지고 있어.

사신은 논한다. 국가에 선정(善政, 훌륭한 정치)이 없고 교화가 밝혀지지 않아 재상들의 횡포와 수령들의 포학이 백성들의 살과 뼈를 깎고 기름과 피를 말려 손발을 둘 곳이 없고 호소할 곳도 없으며 기한(飢寒, 굶주리고 가뭄

이 드는 것)이 절박하여 하루도 살기가 어려워 잠시라도 연명하려고 도적이 되었다면, 도적이 된 원인은 정치를 잘못하였기 때문이요 그들의 죄가 아니다. 어찌 불쌍하지 않은가. ... 흉년과 체금으로 백성들이 지쳐 스스로 무너지려고 하는 형편인데, 또 군대를 일으켜 변방에 오래 머무르게 하여 재물을 많이 허비해서 공사(公私)의 재정이 모두 고갈되게 하고 거기다가 주장(主將)의 횡포와 군졸의 침탈을 더한다면, 백성이 어떻게 살겠는가. 이는 네 도의 백성을 모두 도적으로 만드는 것이다. 임꺽정을 비록 잡더라도 종기가 안에서 곪아 혼란이 생길 것인데, 더구나 임꺽정을 꼭 잡는다고 단정할 수도 없지 않은가. ... 나랏일이 날마다 그르게 되어 가는데도 구원하는 자가 없으니, 탄식하며 눈물을 흘릴 뿐이다.

- 명종실록 27권, 명종 16년 10월 6일 임술 1번째 기사 1561년

우리가 실록을 읽어야 하는 이유는 바로 이런 사론들을 통해 그 시대의 역사적 상황을 꿰뚫어 볼 수 있기 때문이야. 왕조실록이라고 해서 왕 주변의 이야기만을 기록한 것이 아니라 백성의 입장에 서서 어떻게 하면 백성의 어려움을 덜어주고 백성을 위한 정치를 할 수 있을지를 고민한 흔적이 곳곳에 역력하거든. 시대의 상황과 함께 조선을 이끌었던 엘리트 집단의 치열한 고민을 엿볼 수 있단다.

한편 장길산과 관련한 실록의 기사를 살펴보면 장길산이 무려 10여 년간

활동하도록 잡지를 못하여 발을 동동거렸다는 걸 알 수 있지.

임금이 또 국청(鞫廳, 특별히 왕명으로 설치한 임시관청)에 하교(下敎, 명령을 내림)하기를,

"국적(큰 도적) 장길산은 날래고 사납기가 견줄 데가 없다. 여러 도로 왕래하여 그 무리들이 번성한데, 벌써 10년이 지났으나, 아직 잡지 못하고 있다. 지난번 양덕에서 군사를 징발하여 체포하려고 포위하였지만 끝내 잡지 못하였으니, 역시 그 음흉함을 알 만하다. ... 여러 도에 은밀히 신칙(申飭, 단단히 타일러 경계하는 것)하여 있는 곳을 상세하게 정탐하게 하고, 별도로 군사를 징발해서 체포하여 뒷날의 근심을 없애는 것도 의논하여 아뢰도록 하라."

- 숙종실록 31권, 숙종 23년 1월 10일 임술 3번째 기사 1697년

숙종은 명종과는 다른 임금이야. 카리스마 넘치고 마음에 들지 않으면 정국을 세 번이나 뒤집어엎는 환국을 단행한 임금이지. 선왕들이 해결하지 못했던 여러 과제들을 해결했을 뿐 아니라 병권도 한 손에 쥐고 흔든 임금이었음에도 장길산이 10년 이상을 여러 도를 넘나들며 누비고 다녔다면 그가 얼마나 대단한 도적떼인가 하는 것을 잘 알 수 있어. 이에 숙종은 용맹하기 그지없는 장길산을 잡는 자에게 큰 상금을 내리겠다고 하였지만 끝내 잡을 수가 없었어.

이번에는 19세기 세도정치 시대에 일어난 대표적인 민란인 홍경래의 난과 진주민란에 대한 실록의 기사를 비교해 볼게. 홍경래의 난과 관련한 실록의 기사 중 순조 때 쓰인 기사는 40개나 되니 임꺽정의 난보다 더 큰 민란이었음을 알 수 있어. 그 중 홍경래의 난이 평정되기까지에 대한 기사가 27개이고 이후의 기사들은 홍경래가 아직 죽지 않았다는 소문이 났다는 것과, 홍경래 평정 1주기를 맞아 희생된 사람들을 추모한다는 등의 내용이야. 심지어 22살에 눈을 감은 효명 세자의 비석에 쓰인 지문이나 순조가 돌아간 후 쓰인 비석의 지문과 행장에까지 홍경래와 관련한 내용이 실려 있지. 이에 비해 진주민란에 관한 기사는 2개에 불과해. 하지만 1862년, 철종 13년이자 임술년에 쓰인 민란과 관련한 기사는 22개나 되어 1862년에 일어난 민란의 상황을 살펴볼 수가 있어.

　홍경래는 몰락한 양반 출신으로 민란을 준비하는 데만 10년의 세월을 투자했어. 서북지방, 즉 평안도를 똥으로 취급한다며 민란을 일으켰는데 평안도 지방의 내노라하는 대상인들, 예를 들면 만주를 드나들며 거액의 재산을 모았던 만상이나 평안도 지방의 유지들도 대거 가담을 해서 그 세력이 더 커졌지. 홍경래의 난이 처음 일어난 것은 1811년인데, 1812년 1월 3일에서야 처음으로 평안도 병마절도사가 장계를 올리고 있어. 이것을 미루어 짐작해 보면 홍경래의 난이 일어난 것을 조정에 알리지 않고 막아 보려다가 끝내 수습이 어려운 상태가 되자 보고한 것이 아닌지를 추측해 볼 수 있어. 첫 보고부터 내용이 심상치 않은데 같이 읽어 볼까?

"...그 공초(供招, 조사한 문서)에 '적당(賊黨, 도적당) 3백여 명이 이번 24일 밤에 이 동리로 와서 점거했고, 자칭 선봉이라는 자는 갑옷을 입고 장검을 지니고 말을 탔는데, 곧 곽산에 사는 이름을 알지 못하는 홍가였으며, 26일 저녁에는 적괴(賊魁, 적의 괴수)로서 이른바 대원수라는 홍경래와 부원수 김창시·모사 우군칙이 5백여 명의 군사를 이끌고 다복동에서 와 모였습니다...적괴 홍경래는 선봉 홍가와 더불어 모두 용력(勇力, 용맹함)이 있었습니다...무기는 태천과 박천에 실어다 놓았고, 군량은 갈마창과 고성진에서 가져다 먹는다 하였습니다.'라고 하였습니다. ..."

- 순조실록 15권, 순조 12년 1월 3일 정축 4번째 기사 1812년

홍경래의 난을 진압하는 데에는 꼬박 4개월이 걸렸단다. 홍경래가 점거하고 있는 정주성 밑으로 땅을 파서 폭약을 넣어 터트려야 했기 때문이지.

진주민란과 관련해서는 연암 박지원의 손자이며 갑신정변을 일으키는 김옥균의 스승으로 나라의 문을 열어야 한다고 주장한 박규수가 진주민란을 평정하는 안핵사로 다녀와 올린 상소문을 보면 알 수 있어. 상소문에는 진주민란이 일어난 원인과 19세기 백성의 고통이 담겨있지.

진주 안핵사 박규수가 상소했는데, 대략 이르기를,

"난민들이 스스로 죄에 빠진 것은 반드시 이유가 있을 것입니다. 그것은 곧 삼정이 모두 문란해진 것에 있다고 볼수 있는데, 살을 베어버고 뼈를 깎는 것 같은 고통은 환향(還餉, 환곡과 향곡: 어려운 백성에게 관에서 곡식을 대여해 주는 것) 이 제일 큰일입니다...적량진은 호수가 1백에 불과하지만 환향의 각곡이 10만 8천 9백여 석인데, 이를 보충시킬 방도는 모두 정도를 어기고 사리(事理, 사물의 이치)를 해치는 이야기입니다...단지 병폐를 받는 것은 우리 백성들뿐입니다. ..."

- 철종실록 14권, 철종 13년 5월 22일 4번째 기사 1862년

그럼 이 두 민란을 일으킨 이들은 어떤 최후를 맞이했을까? 홍경래의 난을 일으킨 홍경래나 진주민란을 주도한 유계춘은 모두 비참한 죽음을 당했어. 홍경래는 정주성이 무너질 때 총과 창을 맞고 죽었고 유계춘은 잡혀와 참수형을 당한 후 머리가 성문에 걸리는 효수형을 당했지. 이렇게 큰 민란이 19세기에 집중적으로 일어났다는 것은 세도정치 아래에서 백성들이 탐관오리들의 가렴주구에 시달렸다는 뜻이기도 해. 특히 철종 때 백성의 고통은 극에 달했단다. 그러자 철종은 삼정의 문란을 시정하기 위해 박규수 등의 상소문에 힘입어 삼정이정청이라는 관청을 설치했지. 삼정이정청에서 하는 일을 살펴볼까?

영의정 정원용이 아뢰기를,

"삼정(三政)에 대해 이정하기 전의 법령이나 후의 법령은 모두 백성을 위하는 데에서 나온 것입니다. ...삼남 같은 데 이르러서는 환상, 전결 두 가지 폐단이 가장 극심한데, 결정(結政, 토지에서 조세를 거두는 정책)은 근래 고을에서 파외로 외람되게 받아들인 것은 모두 조사하여 감면시켜야 합니다."

- 철종실록 14권, 철종 13년 11월 15일 계해 1번째 기사 1862년

또 암행어사를 파견하여 탐관오리의 부정부패를 적발하도록 했어. 유명한 암행어사로는 정약용, 박문수, 이건창 등이 있는데 실록에는 이들이 올린 장계의 내용도 잘 나와 있단다.

...적성·마전·연천·삭녕 4개 읍의 어사 정약용이 서계하기를,

"연천의 전 현감 김양직은 마음대로 환곡을 나누어주고 재결을 도둑질해 먹었으니 그 죄를 유사로 하여금 품처하게 하소서. 삭녕의 전 군수 강명길은 화전(火田)에 지나치게 세를 물리고 향임들에게 뇌물을 받았습니다. 체차되어 옮긴 지 비록 오래되었으나 죄주지 않을 수 없습니다."

- 정조실록 41권, 정조 18년 11월 16일 경자 1번째 기사 1794년

그러나 삼정이정청은 설치된 지 수개월 만에 양반들의 반대에 부딪혀 폐지되었고 암행어사 파견도 근본적인 방지 대책이 되기에는 역부족이었어. 여기

에 개화 이후에는 일본 상인들의 침투가 극심해지니 동학교도와 농민군이 손을 잡고 조선 역사상 최대 농민 항쟁인 동학농민운동을 일으키게 되지. 여기에 대한 실록의 기사는 일제강점기에 고종 실록이 편찬되어 기사의 신뢰성이 떨어지니 적지 않도록 할게.

고난과 역경의 시대는 아이러니하게도 그 시대상을 반영하는 위대한 문학작품을 탄생시키기도 해. 19세기 민란의 선구였던 홍경래의 난 때도 그러했지. 김삿갓으로 알려진 방랑 시인, 김병연의 날카로운 풍자시들은 사실 홍경래의 난의 부산물이라고 할 수 있단다. 당대 최고 권력을 쥔 안동 김씨 가문이면서 높은 학문과 뛰어난 문장력을 가진 김병연은 무엇 때문에 전국을 떠도는 방랑시인이 되었을까? 거기에는 깊은 사연이 있어.

1811년 홍경래의 난이 일어났을 때 김병연의 조부인 선천부사 김익순은 홍경래 군에게 투항했어. 홍경래의 난이 진압된 후 연좌제에 의해 집안이 풍비박산이 났는데 그는 하인의 도움으로 멀리 황해도 곡산으로 숨어들어가 이름을 숨기고 살 수 있었지. 이것이 그의 나이 6세 때 일이야. 후에 집안이 사면이 되자 그의 어머니는 자식들을 데리고 강원도 영월에 들어가 집안의 내력을 숨기고 살았단다. 어려서부터 글재주가 뛰어났던 병연이 과거 시험을 치러 영광의 장원급제를 했지. 당시 출제된 과제는 "논정가산충절사김익순죄통우천(論鄭嘉山忠節死嘆金益淳罪通于天)"으로, 정가산이 충절로 항복하지 않고 죽음에 이른 것을 논하고 투항한 김익순의 죄가 하늘에 닿음을 탄식하라는 것이었어. 한마디로 김병연은 선천부사로 반란군에게 투항한 조부 김익순을 조롱하는 시로 장원급제를 차지한 거야. 후에 어머니를 통해 집안의 내력을 듣게 된 병연은 가슴을 치며 조상을 욕한 자신은 하늘을 쳐다볼 수 없다고 하면서 삿갓을 쓰고 정처 없이 집을 나섰어. 그 후 처자식도 돌보지 않은 채 평생 전국을 떠돌며 풍자시를 지으며 일생을 보냈단다. 그의 아들이 그를 찾아 나서서 안동·평강·익산 3곳에서 그와 만나 집으로 돌아가기를 간절히 청하였으나 완강히 거부하고 결국은 객지에서 삶을 마쳤어.

그의 시는 19세기 풍자문학의 백미로 오늘날까지 생명력을 잃지 않고 권력에 아부하는 자들에게 경종을 울리고 있단다.

[실록 속 직업]
조선에서 먹고 사는 법

조선 시대에는 지금은 사라진 희귀한 업종이 있었어. 바로 '산접 생안간'이라는 직업인데 나라에 산기러기를 잡아다 바치는 일을 하는 사람이야. 이 일은 너무 힘들어서 마치 천민의 직업 같은데 신분은 상민에 속한다고 해서 이들을 '신량역천'이라고 불렀어. 이들 직업 뒤에 붙은 '간'이라는 글자는 고려 시대에 천민들에게 붙였던 호칭으로 조선 시대에는 신량역천층에게 붙여지게 된 거란다. 산접 생안간외에도 소유간, 염간, 생선간, 철간, 목자간이라는 직업들이 있었어.

그럼 하나씩 어떤 일을 하는 사람인지 설명해 볼게. 소유간은 소를 도살하여 유제품을 바치는 사람을 말하지. 염간은 염전에서 소금을 만들던 사람이고, 생선간은 물고기를 잡는 사람이야. 철간은 각종 광물을 제련하는 사람들을 말하는 것이란다. 목자간은 목장을 생각하면 쉬워. 목장에서 소와 말의 사육에 종사하는 사람들이었지.

이들과 관련한 실록 기사를 살펴볼까?

이 기사는 이런 특수 업종에 종사하는 사람들이 자신들의 임무를 제대로 하지 않는다는 내용을 보고받고 조치한 일을 기록한 거야.

또 '칠반천역'이라고 해서 모두 7종류의 직업이 천한 직업으로 분류되었어. 물론 이 사람들도 신량역천층이라고 할 수 있지. 감옥을 지키거나 경찰 형벌 집행일을 담당하는 나장, 봉화대에서 횃불과 연기를 올리는 봉수군, 역에서 역마를 관리하고 공문서를 전달하는 일을 하는 역졸, 선상에서 병선 수리나 외적 격퇴를 위해 배에서 근무하는 수군, 조세를 운반하는 조선에서 세곡선의 수리와 유지, 소금 생산 등을 담당하는 조례, 각종 관아에서 손님들을 접대하거나 관둔전 등을 경작하는 일수, 중앙 관청이나 종친 관리 관청에 배속되어 심부름과 호위를 맡는 수종들이 그들이야.

신문고를 설치할 때의 방법을 논의한 내용을 담은 아래의 기사를 보면 신문고를 칠반천역 중 나장이 지키고 있다는 걸 알 수 있지.

의정부에서 상소하기를,

"신문고는 순군의 영사 한 명과 나장 한 명으로 지키게 하고, 와서 치려는 사람이 있으면 영사는 달려가 관리에게 고하여 그 북을 치려는 사유를 물어, 만약 역적을 음모한 일이면 바로 치게 하고, ... 즉시 나장에게 그의 주소를 알게 한 뒤에 북을 치도록 하소서."

하니, 임금이 말하였다.

"먼저 북을 치게 한 뒤에 사람을 시켜 그 사는 곳을 알게 하라."

- 태종실록 3권, 태종 2년 1월 26일 3번째 기사 1402년

이번에는 여성들이 가졌던 직업들에 대해 알아볼게. 조선 시대는 유교적인 사회로 여성들에게 현모양처의 길을 걸어가도록 장려하고 사회적 생활을 허용하지 않았지. 그렇지만 상민이나 천인에 속하는 여성들은 비교적 사회적 활동이 자유로워 여러 분야에서 활동하였어.

먼저 여성이 가진 직업 중 가장 엘리트라고 할 수 있는 의녀에 대해 알아볼까? 요즘은 남자고 여자고 할 것 없이 의사는 인정받을 뿐만 아니라 사람들이 선호하는 직업이지. 그러나 조선 시대의 여의사의 신분은 천민에 속했단다. 의사 역할을 담당하는 여성을 의녀라고 불렀는데 태종 6년인 1406년에 처음 그 교육이 시작되었지. 조선에서 의녀를 양성하게 된 것은 남녀가 유별하다는 유교 규범의 영향이 컸어. 이러한 의식 때문에 남자 의원에게 아픈 곳을 보이

지 않고 진료를 거부하다가 죽음에 이르는 여성들이 있었거든. 이것을 딱하게 여긴 제생원의 의사인 허도가 의녀 양성의 필요성을 태종에게 건의하여 비로소 의녀 교육이 시작되었지. 다음이 그 연원을 알 수 있는 실록의 기사란다.

제생원에 명하여 동녀(童女, 여자 어린이)에게 의약을 가르치게 하였다. 검교 한성 윤 지제생원사 허도(許衜)가 상언하였다.

"그윽이 생각건대, 부인이 병이 있는데 남자 의원으로 하여금 진맥하여 치료하게 하면, 혹 부끄러움을 머금고 나와서 그 병을 보이기를 즐겨하지 아니하여 사망에 이르게 됩니다. 원하건대, 창고나 궁사의 동녀 수 10명을 골라서, 맥경과 침구의 법을 가르쳐서, 이들로 하여금 치료하게 하면, 거의 전하의 살리기를 좋아하는 덕에 보탬이 될 것입니다."

임금이 그대로 따라 제생원으로 하여금 그 일을 맡아보게 하였다.

- 태종 11권, 6년 3월 16일 병술 1번째 기사 1406년

그런데 10명을 뽑고 보니 매번 그 수가 부족했어. 그래서 처음 의녀가 양성되기 시작한 지 12년 만에 의녀의 수를 두 배로 늘리기로 하지. 그렇다면 의녀가 되기 위해서는 어떤 교육을 받게 될까? 이것을 알려주는 기사가 있어.

예조에서 계하기를,

"제생원의 의녀들은 반드시 먼저 글을 읽게 하여, 글자를 안 연후에 의방

(醫方)을 읽어 익히도록 하고 있으니, 지방에서 선발하여 올려 보내려고 하는 의녀도 또한 지금 거주하고 있는 그 고을의 관원으로 하여금 먼저 《천자》·《효경》·《정속편(正俗篇)》등의 서책을 가르쳐서 문자를 대강 해득하게 한 뒤에 올려 보내도록 하게 하소서."

하였다.

- 세종 22권, 5년 12월 27일 계묘 4번째 기사 1423년

이것을 토대로 의녀가 조선의 대표적인 여성 지식인임을 알 수 있지. 총명함은 물론 책을 읽어야 하고 끊임없이 의학교육을 받을 뿐 아니라 비빈이나 높은 고관대작의 사대부 부인들을 직접 대면했어. 비록 신분은 천민이나 조선에 없어서는 안 될 교양과 학식을 갖춘 여성임을 알 수 있단다. 의녀들은 실력을 갖추기 위해 매월 시험을 보았어. 또 공부를 하는 동시에 의원들을 보좌하며 환자들을 진맥하고 침을 놓으면서 분주한 하루를 보냈지. 다음의 실록 기사는 의녀들의 분주한 일상이 알려져 국가에서 정기적으로 급여에 해당하는 곡식을 받게 되었다는 거야.

예조에서 아뢰기를,

"제생원 의녀들은 날마다 관사에 출근하여 의서를 읽고 익히며, 병을 보고 침구를 하되, 맑고 비 오는 날을 가리지 아니하오니, 임무의 괴로움이 갑절이나 무겁습니다. 여기(女妓)의 예에 의하여 1년에 두 번씩 쌀을 하사하

옵소서."

하니, 그대로 따랐다.

- 세종 65권, 16년 7월 25일 3번째 기사 1434년

성종 때는 의녀의 전문적인 의학 공부를 강화하기 위한 방안이 마련되었어. 소위 성과급제에 의한 녹봉 지급이 도입되었고 불통한 의녀는 원래 있던 곳으로 돌아가도록 했지. 의술을 익히는 일은 무척 고달프고 어려웠어. 다음의 실록 기사가 잘 말해주지.

우승지 권경희가 아뢰기를,

"제주의 의녀 장덕은 치충(齒蟲, 충치를 말함)을 제거시키고 코와 눈 등 모든 부스럼이 난 것도 제거시킬 수 있었는데, 죽을 무렵에 그 기술을 노비인 귀금에게 전해 주었습니다…"

귀금이 말하기를,

"제가 일곱 살 때부터 이 기술을 배우기 시작하여 열여첫 살이 되어서야 완성하였는데, 지금 제가 마음을 다해 가르치지 않는 것이 아니고 그들(나라에서 귀금을 따라 다니게 하였던 여의 2명을 말함)이 익히지 못할 뿐입니다."

하였다.

- 성종 266권, 23년 6월 14일 임자 1번째 기사 1492년

그런데 이렇게 의사로서 활동하던 의녀들이 기녀들과 다를 바 없는 일을 하게 만든 왕이 있단다. 그래 맞아. 연산군이야.

연산군 때의 이러한 조치가 이내 조선 시대의 전통이 된 바람에 의녀를 다른 말로 '의기(醫妓)'라고 부르기도 했지. 의녀들을 기생과 같이 연회에 부르는 전통은 중종에 의해 잠시 금지되었다가 그 후에는 의녀가 연회 때마다 불려나가는 일이 허다했어. 의녀는 기생처럼 가무를 하며 연회 때 노래와 악기를 연주하는 신세를 면치 못했지. 광해군 때는 재주 있는 의녀를 의술을 베풀거나 공부하도록 내놓지 않아 오성 이항복 선생이 이러한 사정을 탄원하는 내용까지 실록에 기록되어 있단다.

> "의녀 중에 애종이라는 자가 그들 무리 중에서는 의술이 가장 나았는데, 선조(先朝) 때 끼가 있다고 해서 내보내고 쓰지 않아...이로부터 내의녀의 종자가 끊기게 되었으니 매우 우려스럽습니다."
>
> - 광해 58권, 4년 10월 6일 임자 10번째 기사 1612년

하지만 의녀들은 이러한 어려움을 극복하고 조선 역사의 가장 중요한 부분에서 항상 직분에 충실했어. 나라에서 간절히 기다리는 중전의 원자 탄생 순간에도 의녀가 있었고 중병에 걸린 대비를 간호하는 자리에도 의녀가 있었어. 죽음을 앞둔 국왕들의 대소변을 받아내는 것도 의녀였고 역사의 뒤안길로 사라져 가는 비빈들의 마지막을 지켰던 것도 의녀였어. 조선의 전문직 여성으로서 기녀 혹은 노비의 취급을 받으면서도 의연히 자신의 직분에 충실한 삶을 살았던 의녀들에 대해 더 많은 연구가 이루어졌으면 해.

이번에는 조선 시대의 걸그룹과 같았던 기녀에 대해 알아볼게. 조선 시대의 기녀들은 가수, 무용수, 배우, 연주가 등을 겸한 종합 예술인이었어. 가무만 뛰어난 것이 아니라 사대부들과 글을 주고받을 수 있는 학문적 역량이 있어야 했어. 또 명나라나 청나라에서 사신이 올 경우 그들의 마음을 사로잡아 국가에 도움이 되도록 하는 역할도 수행했지. 조선왕조실록에는 기녀 때문에 왕실이 시끌벅적해지는 사건들이 잘 기록되어 있는데 그중 하나가 바로 태종의 세자였다가 방탕한 생활로 말미암아 폐해진 양녕대군과 관련한 기사이지.

양녕대군이 기제라는 기생을 몰래 담을 넘으면서까지 범했다는 내용이야. 아름다운 기생들이 조선 남성들의 마음을 사로잡으면서 사고를 치게 하고 결국은 권력의 핵심에서 내몰리는 원인을 제공하기도 했다는 거지. 그러나 양녕대군의 아버지인 태종도 그에 못지않았어. 기녀들이 머무를 건물을 궁궐 근처에 지으려 하다가 공조판서에게 그만두라는 진언을 듣기도 했단다.

한편 조선에서는 춤을 추는 남자아이인 무동을 국가적으로 양성하고 있었는데, 무동으로 훈련을 시킨 아이들 중에는 어머니가 기녀인 경우가 많았어. 세종 때는 아예 원칙을 만들어 기녀가 시집가서 낳은 아이를 무동으로 징발할 수 있도록 했지.

춤추는 아이-단원 풍속도첩

관에 속한 기녀들이 하는 큰일 중 하나는 변방을 지키는 군인들을 위로하는 일이었단다. 임금이 직접 나서서 관찰사에게 가족들과 오래 떨어져 있는 군인들을 위로하라는 명을 내리기도 했지.

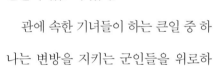

함길도 감사에게 전지하기를,

"옛날에 변진에 창기(娼妓)를 두어 군사들의 아내 없는 사람들을 접대하게 하였는데, 그 유래가 오래 되었다. ...군사들이 가정을 멀리 떠나서 추위와

더위를 두 번씩이나 지나므로... 기녀를 두어 사졸들을 접대하게 함이 이
치에 맞을 것이다."
하였다.

- 세종 75권 18년(1436 병진) 12월 17일 무인 2번째 기사

남성 위주의 사회에서 국가의 위문품이 되었던 기녀들의 기구한 삶을 잘
알 수 있는 기사야. 기녀들에 대한 사회적 통념은 매몰찼어. 세종의 아들인 임
영대군이 기생을 첩으로 데리고 사는 것을 세종이 허락하였다가 경연에서 맹
렬히 비판을 받는 내용에서 조선의 사대부들이 가지는 기녀에 대한 통념을 추
정해 볼 수 있지.

조선 전기에는 나라의 기강이 바로 섰기 때문에 고을의 수령이 경계를 넘
어 이웃 고을로 가서 그곳의 기녀와 정을 통하면 법에 따라 엄한 벌을 받았어.
세종 때 영해 부사 김포가 그러한 사례로, 그는 이웃 고을의 기녀는 물론이고
자신 고을의 기녀까지 정을 통했기 때문에 관찰사에게 고발되어 수령의 자리
에서 쫓겨났단다. 또 성종 때 홍문관 부제학 유윤겸과 함양 군수 조위는 관기
를 첩으로 삼았다가 벌을 받았어. 왜 관기를 첩으로 삼으면 안 되는 것일까?
실록에 기록된 성종의 말을 통하여 그 이유를 알 수 있어.

사헌부(司憲府)에서 아뢰기를,
...전교하기를,

"창기는 본래 노래와 춤을 위해서 설치한 것인데, 관리들이 한 번 지나면서 좋아하여 공가(公家)의 문건을 자기의 사유물로 삼았으니, 이것이 어찌 좋은 일이겠는가? 이 같은 무리가 반드시 많을 것이니, 모두 엄히 다스려라." 하였다.

- 성종 204권, 18년(1487 정미) 6월 17일(을유) 1번째 기사

한편 세조는 신료들과 종친들에게 기생을 멀리하라고 당부하면서 기녀들에게 연회에 참여할 때는 얼굴에 두껍게 분첩을 발라 마치 가면 같이 보이도록 조치했어. 이것은 그녀들을 천히 여기고 혐오하기 때문이라고 실록은 기록하고 있지. 같은 기사에서 세조 때 유명한 4기생의 이름뿐만 아니라 그 기생이 정을 통한 왕자들과 사대부의 이름까지 상세히 기록해 두었단다.

...4기녀는 옥부향·자동선·양대·초요갱인데, 모두 가무를 잘 하여 여러 번 궁버의 잔치에 불려 들어가니, 임금이 '네 기녀'라고 불렀다. 옥부향은 일찍이 효령 대군 이보와 사통하였는데, 뒤에 익현군 이관과 사통하였다. 초요갱은 어려서 평원 대군 이임의 사랑을 받다가 평원 대군이 졸(卒, 죽는 것)하자, 화의군 이영과 사통하였는데...초요갱이 재예(才藝)가 있다고 하여서 악적(樂籍, 연주를 하는 관청)에 다시 소속시키니, 계양군 이증과 또 사통하였다...

- 세조 31권, 9년(1463 계미) 윤7월 4일(신유) 1번째 기사

실록을 쓴 사관은 기녀들이 형제간에, 숙질간에 가리지 않고 몸을 맡긴 일을 낱낱이 기록한 후 세조가 한 말을 빌려 기녀에 대해 이렇게 표현했어.

"이 무리는 사람의 유(類)가 아니다."

- 위와 출처 같음

그럼에도 불구하고 필요할 때는 기녀들을 알차게 이용했어. 명나라는 물론이고 청나라에서 사신이 올 때도 기녀들을 동원하여 이들을 융숭하게 대접하였고, 그 때마다 기녀들은 가지고 있는 재주를 한껏 펼치면서 사신들의 마음을 흡족하게 했지. 기녀들은 의무감도 있지만 조선인으로서 그들이 심술을 부리지 않도록 국가에 대한 봉사를 열심히 한 거야.

그런데 재미있는 사실은 조선에서 기녀를 부른 사람은 남성만이 아니야. 여성들도 꽃놀이를 하거나 배를 타고 놀 때 풍악이 필요하므로 기녀들을 불렀어. 조선의 기녀들을 몸을 파는 여성으로 생각했다면 역사를 잘못 이해한 거야. 비록 천인이었지만 그녀들 나름대로 직분에 충실했고 조선의 종합 예술인으로서 많은 사람들에게 기쁨을 주었단다.

조선 시대에는 냉장고가 없었어. 그런데 어떻게 얼음을 만들어 보관했을까?

서울의 동네 이름에 동빙고동이라는 곳과 서빙고동이라는 곳이 있어. 이 동네들이 바로 조선 시대에 얼음을 보관했던 곳이야. 그 중 동빙고는 종묘 등 국가 제사의식이 있을 때 사용하는 얼음을 보관했지. 특히 조선 시대에는 '빙정(氷丁)'이라고 해서 얼음 뜨는 일이 직업인 사람도 있었어. 그런데 이들이 나라에서만 사용해야 하는 귀한 얼음을 사사로이 장에 내다 파는 일이 있어서 빙고별제라는 관리를 두어 이들의 얼음 채취를 철저히 감독 하도록 했단다.

보통 얼음은 저자도 부근에서 채취했어. 왜냐하면 지금의 청계천이라고 부르는 개천에는 생활하수가 흘러들어갈 수 있기 때문이란다. 동빙고가 한 동의 얼음 창고만 있는데 비하 여 서빙고는 모두 8채의 창고를 갖추고 있어 이곳의 얼음을 임금과 여러 관사, 그리고 고 위 관료들이 사용했지. 얼음을 채취할 때는 군인들이 동원되었어. 두께가 4치가량 두껍게 얼려진 것을 창고에 옮겼단다. 어느 해에는 얼음을 관리하는 사람인 빙고별제가 술만 먹 고 얼음 저장하는 일을 소홀히 했다가 임금에게 불호령을 맞기도 했어.

때로는 강촌의 백성들이 얼음을 채취하여 군인들에게 팔기도 했지. 강가에는 칡 끈을 걸 쳐 놓아 얼음 위에서 넘어지는 것을 예방하고 땔나무나 의원의 상비약을 비치하여 만약 의 사고에 대비했단다. 여름철인 8월이 되면 빙고에 대한 대대적인 보수작업이 행해졌어. 대들보와 서까래 중 썩은 것이 교체되었고 갈대를 두툼히 덮어 얼음이 녹지 않도록 했단 다. 위와 같은 내용들은 용재총화를 기록한 성현(1439~1504)이 전해주는 이야기들이야. 서빙고나 동빙고를 지키는 군인의 일은 신량역천층이 맡은 일만큼이나 힘들었어. 조선왕 조실록에는 이와 관련하여 얼음 창고를 지키는 군인들에게 제때에 먹을 것을 지급하라는 기사가 기록되어 있단다.

"요즈음 보면 날씨가 몹시 추운데, 동빙고·서빙고에서 일하는 군인들에 게 술과 어물을 으레 제급하기는 하나, 전일 듣건대 먹을 수 없는 물건을 제급한다 하니 이것은 매우 옳지 않다. 먹을 만한 물건으로 다시 제급할 것을 해조(該曹)에 말하라. 또 이처럼 날씨가 추울 때에는 입직하는 군사 들에게 으레 빈 섬을 주는 법이다. 이제라도 제급하라."

- 중종실록 64권, 중종 23년 11월 23일 1번째 기사 1528년

[실록 속 왕실 가족사]
궁궐에서 펼쳐지는
파란만장한 권력 싸움

조선 왕조가 이어져 내려오는 동안 조선의 궁궐 안에서는 수많은 사건들이 일어났단다. 권력을 차지하기 위해서라면 가족끼리도 피비린내 나는 다툼을 피하지 않았지. 왕뿐만 아니라 조선에서 가장 권력이 셌던 왕비, 그리고 공주와 왕자 등 수많은 왕실 가족이 있었던 만큼 그에 얽힌 이야기도 많단다. 조선 왕실 가족사에 대한 실록 기사를 한번 살펴보도록 하자.

조선 시대 왕들의 평균 연령은 고작 46세로 단명한 왕들이 많았어. 환갑을 넘긴 왕은 67세로 세상을 떠난 광해군을 제외하고 고작 5명*이었지. 40세를 넘기지 못한 왕도 11명이나 된단다. 왕이 세상을 떠나면 왕비는 대왕대비가 되어 궁궐의 조용한 곳에서 여생을 보내야 했어. 그러다 보니 궁궐에는 과부로 사는 대왕대비가 여러 명이 있었을 뿐 아니라 대왕대비가 되는 나이도 매우 젊었지. 드라마를 통하여 잘 알려진 연산군의 할머니 인수대비는 세조

---

* 태조(74세). 정종(63세). 숙종(60세). 영조(83세). 고종(67세)

의 적장자인 의경세자가 세상을 떠나는 바람에 고작 21살에 홀로 되었어. 시동생인 예종이 1년 2개월 만에 죽자 그녀의 둘째 아들인 잘산군이 13세에 세조 비의 정희대비에 의해 왕위를 계승하게 되고, 잘산군의 아버지요 남편인 의경세자는 덕종으로 추존되어 그녀도 소혜왕후 한씨로 불리게 되었지. 이것이 인수대비의 탄생인데 당시 그녀의 나이는 34세에 불과했어. 성종 때는 궁궐에 대비가 3명이나 있었어. 세조의 왕비인 정희왕후 윤씨, 성종의 어머니인 소혜왕후 한씨, 그리고 예종의 왕비 안순왕후 한씨야. 이들에 대한 호칭은 어떻게 구별하였을까? 다음의 실록 기사에서 알 수 있단다.

대왕 대비와 인수 왕비와 왕대비가 광릉에 가서 친히 제사하고, 또 봉선전에 가서 다례를 지냈다. 임금이 우승지 유지를 보내어 문안하였다.

- 성종 28권, 4년 3월 16일(병오) 2번째 기사 1473년

이 기사에서 대왕대비는 정희왕후 윤씨를 말해. 정희왕후 윤씨는 소혜왕후, 안순왕후의 시어머니로서 왕실의 최고어른인거지. 정희왕후는 손자인 성종이 20세가 될 때까지 7년 동안 수렴청정을 했어. 정희왕후는 성종 즉위 전에도 예종이 19세로 왕이 되자 수렴청정을 실시했는데 이것이 조선 최초의 수렴청정이었지. 정희왕후는 통치기간 동안 비교적 원만하게 수렴청정을 이끌어 나갔어. 그리고 성종이 20세가 된 해인 수렴청정 7년째에 스스로 수렴청정을 거두겠다는 뜻을 밝혔지. 실록에 기록된 정희왕후가 언문으로 내린 내

이 때 대비가 내리는 결정을 대왕대비가 상전* 안중경을 시켜 언문 편지 1장을 가지고 원상**에게 전하게 했는데, 그 언문의 뜻은 이러하였다.

"내가 본디 지식이 없는데도 여러 대신들이 굳이 청하고 주상께서 나이가 어리신 이유로 마지못하여 힘써 같이 정사를 청단했던 것인데, 지금은 주상께서 나이가 장성하고 학문도 성취되어 모든 정무를 재결하여 모두 그 적당함을 얻게 되었다...무릇 수재(水災)와 한재(旱災)를 만나게 되면 나에게 연유된 것이 아닌가 두려워서 잠을 자지 못한 것이 한두 날이 아니었다...이어 사임하는 사정을 감추어 경(卿) 등에게 알린다."

- 성종 63권, 7년(1476 병신) 1월 13일(무오) 5번째 기사

정희왕후에 이어 성종 시대에 정치적 입김이 강했던 대비는 인수대비야. 그녀는 사서삼경을 읽어 학식이 깊고 독실한 불교 신자였는데, 성품이 바르고 엄격하며 지혜로워 성종이 정치적 결정으로 고민할 때마다 옆에서 여러 조언을 아끼지 않았어. 그녀 스스로 궁중의 비빈들과 여성들의 교육을 위해『소학』,『명심보감』,『열녀전』등 각종 유교 예절 교본에서 발췌한 내용을 토대로 『내훈(內訓)』을 펴내었을 정도지. 그러한 그녀의 눈에 성종의 왕비 윤씨는 질

---

* 상전 : 내시부의 정4품 벼슬
** 원상 : 임금을 말함

투가 심하고 후궁들에 대한 독살 음모를 꾸미는가 하면 왕의 용안에 손톱자국을 내는 부덕한 여인으로 비쳐졌어. 그래서 성종과 협력하여 왕비 윤씨를 폐서인으로 만드는데 중심 역할을 했던 거야.

성종 이후 10세를 전후로 하여 왕위에 오른 왕은 모두 6명이란다. 이들 모두에게는 각자 수렴청정을 한 대비가 있었어. 명종은 12세에 왕위에 올랐는데 중종의 계비 문정왕후가 수렴청정을 하였고, 선조는 16세에 왕에 올라 명종비인 인순왕후가 수렴청정을 했지. 66세의 영조와 결혼했던 16세의 정순왕후가 대비가 되었을 때가 33세였는데, 순조가 11세로 왕에 오르자 역시 수렴청정을 했어. 조선 역사상 가장 어린 나이에 왕위에 오른 사람은 헌종으로 7세에 왕이 되었는데 순조비 순원왕후가 수렴청정을 했지. 고종이 12세로 왕위에 오르자 익종비 신원왕후가 통치권을 고종의 아버지인 흥선 대원군 이하응에게 위임하여 국정을 맡도록 하였단다.

이렇게 막강한 영향력을 가진 대비에 반해서 비극적인 삶을 살다가 복권된 여성도 있었는데 그녀가 바로 선조비인 인목대비야. 인목대비는 19세에 50세의 선조와 혼인하여 왕비가 되었는데 당시 세자인 광해군은 28세였어. 인목대비는 영창대군을 낳았지만 선조가 승하하여 대비가 되었지. 그때 그녀의 나이는 불과 25세였어. 그녀는 서궁에 유폐되어 있는 8년(1615~1623)의 세월 동안 하얀 소복을 입고 단 한 번도 자세가 흐트러진 적이 없었어. 다음은 실록에 기록된 인목대비의 죽음을 애도하는 글 중 일부야. 그녀의 성품을 잘 알 수 있지.

...왕후는 천성이 지극히 효성스러워 계축 화변* 으로부터 3년 동안 밥을 먹지 아니했고, 소복을 벗고서는 다만 미음죽 만을 먹었으며, 이미 복위 되고서도 오히려 생선과 고기를 먹지 아니하였다. 상이 중궁과 더불어 눈물을 흘리고 울면서 간곡하게 권한 뒤에야 비로소 평상시의 수라를 회복하였으니, 대개 소밥을 먹은 지 전후 통틀어 17년이었다. 검소한 것을 편안히 여겨 평생에 금으로 수놓은 옷과 구슬 장식품을 사용한 적이 적었고 항상 명주비단만을 입었을 뿐이며, ...종들을 부림에 있어서도 은혜와 위엄이 겸하여 지극하기 때문에...좌우에 한사람도 감히 두 마음을 품은 자가 없었다.

- 인조 27권, 10년 10월 6일 1번째 기사 1632년

대비 중에는 수렴청정 기간에 외척을 동원하여 국왕에 버금가는 권력을 휘두르거나 종교적 박해를 통해 반대파를 대대적으로 숙청시킨 여성도 있었어. 그 주인공은 명종의 어머니인 문정왕후와 순조의 증조할머니 격인 정순왕후야. 문정왕후는 외척인 윤원형 일파에게 힘을 실어 주며 피바람을 일으켰지. 그 결과 윤원형을 비롯한 소윤파가 같은 파평 윤씨 집안으로 인종의 외척인 대윤파를 제거한 을사사화를 일으켰어. 한편 정순왕후는 남인들과 노론 시파들을 숙청하기 위해 그들이 믿고 있는 천주교를 사교로 단정하여 대대적인 박

---

* 계축화변 : 인목대비가 경운궁(서궁)으로 유폐된 사건.

해를 일으켰단다.

그런가 하면 자신이 휘두를 수 있는 권력을 보잘 것 없던 왕의 아버지에게 위임하여 역사의 주인공으로 부상시킨 대비도 있었어. 그녀가 익종비인 신원왕후 조씨야. 만약 조대비가 없었다면 흥선군 이하응의 둘째 아들 12살의 명복은 왕위에 오를 수 없었을 거야. 그녀의 위임통치 덕분에 고종의 아버지인 흥선 대원군이 역사의 전면에 서서 개혁정치의 칼날을 휘둘렀으니, 권력이동의 중심이었던 대비들의 힘을 실감할 수 있지. 이렇듯 조선의 역사는 남성에 의해서만 지배된 역사가 아니란다. 중요한 순간 순간마다 역사를 움직인 동력에 왕의 어머니, 할머니들인 대비들이 있었음을 잊지 말아야 해.

자, 이번에는 조선의 왕비에 대해 탐구해 볼까?

조선의 왕비는 나라의 어머니요, 모든 조선 여성이 우러러 보는 왕실의 중심이었어. 위로는 시부모님에 해당하는 태상왕이나 상왕, 대왕대비를 모시고 아래로는 내명부라고 불리는 후궁과 궁녀 등 궁중여성들을 통솔하는 막중한 임무를 가지고 있었지.

이러한 왕비의 일생을 잘 나타낸 실록의 기록을 살펴보자.

...시종하는 여인을 예절로 대우하고 투기하는 일이 없으며, 은혜로 위로하고, 달램이 아래로 노비들에게 미치고, 사랑하여 양육함은 후궁들이 낳은 자식들에까지 수고하며, 높은 자리에 처하여 더욱 조심하니, 안에서의

왕비의 하루 생활은 고달팠어. 눈을 뜨면 가장 먼저 대왕대비께 문안을 드리면서 하루 생활을 시작하였는데, 새벽 문안이 끝나도 밤에 잠자리에 들 때까지 엄격한 궁궐의 법도 속에서 긴장을 풀 수 없는 생활이 이어졌어. 다음의 기록이 왕비의 하루 생활을 잘 보여 주고 있어.

왕비는 한시도 자유를 주지 않는 상궁들의 감시 속에 희노애락의 감정을 있는 그대로 표현할 수가 없었으며 남편인 국왕의 사랑을 후궁들과 공유해야 했단다. 왕비들의 생활 공간은 내전으로 불리는 궁궐 안쪽으로만 제한되었지. 왕비가 생활하는 내전은 궁궐의 중심이었기 때문에 '중궁전'이라고 하였는데 이것은 남편인 국왕이 그녀들을 부르는 호칭으로도 쓰였어. '중전', '중궁', '곤전' 등은 모두 왕비를 지칭할 때 사용하는 말들이야.

왕비들이 가장 행복할 때는 대를 이을 세자가 될 원자를 낳았을 때야. 그랬을 때 왕비는 국왕의 관심과 사랑을 독차지할 수 있을 뿐 아니라 온 나라의 축복을 받을 수 있었어. 만약 원자를 낳지 못할 경우에는 후궁들이 낳은 원자를 데려다가 중궁에서 키워야 하는 일을 도맡아야 했지. 그러나 출산의 고통을 겪으며 원자가 아닌 공주를 낳았는데 그 공주가 단 하루 만에 세상을 떠나는 불운을 입은 왕비도 있었어.

한편 왕비가 거처하는 곳의 이름은 궁마다 달랐어. 경복궁은 교태전, 창덕궁은 대조전, 창경궁은 통명전이라고 불렀지. 그런데 이들 건물에는 공통적인 중요한 특징이 있단다. 바로 지붕의 기와를 가로지르며 덮고 있는 용마루가 없다는 거야. 그 이유는 무엇일까? 왕과 왕비가 서로 사랑을 나누어 아기를 만들 때 용마루가 누르고 있으면 아기가 탄생하는 상서로운 기운을 막을 수 있어 그렇다고 주장하기도 해. 하지만 왕비의 처소가 아닌데도 용마루가 없는 건물도 있어 이 주장은 설득력을 잃고 있단다.

창덕궁 대조전

왕비에 이어 이번에는 조선의 공주에 대해 알아볼까? 조선의 공주는 태어나자마자 생을 마친 공주의 수를 제외하면 모두 31명이 태어났어. 조선 초기에는 고려의 전통을 이어받아 왕의 딸들은 물론 후궁도 '궁주'라고도 불렀지. 보통 후궁과의 사이에서 낳은 딸을 옹주라고 하는데 세종 전에는 왕의 후궁이나 대군의 부인들도 '옹주'라고 불렀단다. 실록을 찾아보면 그러한 내용을 잘 알 수 있어.

심효생의 부인 유씨를 정경 옹주(貞慶翁主)라 하였다.

　　　　　　　　　　　－ 태조 7년 4권 2월 13일 5번째 기사 1395년

그러다가 세종 때 궁중에서 품계를 받은 여성들을 '내명부'라 하고 왕족과 종친의 딸, 아내, 그리고 신하들의 아내로 품계를 받는 여성들을 '외명부'라 하면서 공주와 옹주도 구별하게 되었어. 그리고 그 내용은 성종 때 조선을 유교적 법치국가로 확립시켜 준 경국대전에 명시되어 왕비에게서 낳은 딸을 공주, 후궁에게서 낳은 딸을 옹주로 부르게 되었단다. 조선 시대의 옹주는 상당히 많아 67명이나 되지. 그럼 딸을 가장 많이 낳은 왕은 누구일까? 제3대 임금인 태종이야. 태종은 총 17명의 딸을 낳았는데 그 중 4명은 공주, 13명은 옹주였단다. 두 번째는 제8대 임금인 성종으로 12명의 딸을 낳았는데 한 명만 공주이고 11명이 옹주였어.

공주나 옹주 외에도 세자빈이 낳은 딸을 군주, 후궁에게서 낳은 딸을 현주

라고 했지. 공주는 30부 넓이의 집을 건축할 수 있었고 옹주는 25부 넓이의 집을 건축할 수 있었어.

부마를 정할 때는 왕비를 고를 때와 마찬가지로 금혼령을 내린 다음 가문 좋고 영특한 도령들을 추천받아 왕과 왕비가 직접 사윗감을 결정했지. 공주는 혼인할 때 비로소 신랑인 부마를 처음 볼 수 있었어. 그러니 사랑해서가 아니라 부모가 시켜서 결혼하는 것인데다가, 혼인식에서야 겨우 부마 얼굴을 보게 되니 소설 같은 러브스토리는 거의 찾아보기 힘들지. 게다가 세종 때 예조에서 마련한 왕녀 혼인식 규정을 보면 로맨틱한 분위기는 거의 찾아 볼 수가 없고 모든 것이 법도에 의해 진행된단다. 이와 관련한 실록의 기사를 살펴보자.

> ...사위가 말을 타면 햇불로 앞을 인도하고, 【햇불을 열 자루를 쓴다. 】...공주 집 대문 밖에 이르러 말에서 내려 혼례장소로 들어가서 기다리면, 공주가 성대하게 장식하고는 【의복은 면주와 목면으로 한다. 】보모의 부축을 받고 나온다...공주의 자리를 주부 동북쪽에 남향하여 설치하고, 공주가 그 자리 서쪽에 남향하여 서면, 집사자가 술로 초례를 행하기를 사위의 예식과 같이 한다...
>
> - 세종 67권, 17년 1월 23일 1번째 기사 1435년

이렇게 혼인식 이후에 치르는 첫날밤 의식을 왕비의 첫날밤과 마찬가지로 '동뢰'라고 하는데 그 절차가 매우 복잡했어.

147

...사위가 공주를 인도해 오는 것을 기다려서 들어가면, 공주 시중을 드는 사람은 사위의 자리를 동쪽에 펴고, 사위의 시종을 드는 사람은 공주의 자리를 서쪽에 편다. 사위는 남쪽에서 손을 씻는데, 공주의 시종이 물을 손에 부어 주고는 수건을 바친다. 사위가 공주에게 절하고 자리로 나아가면, 공주는 두 번 절하며, 사위가 이에 답하여 절한다. ..사위와 공주가 술을 기울여 덜고, 잔을 들어 마시고 안주를 든다. 또 술을 따르면, 사위와 공주가 그대로 들어서 마시고 덜지 않으며, 안주는 들지 않는다... 사위가 다시 들어가 옷을 벗으면, 공주의 시종이 이를 받으며, 공주가 벗는 옷은 사위의 시종이 이를 받고, 촛불이 나온다...

- 세종 67권, 17년 1월 23일 1번째 기사 1435년

이렇게 시작한 공주의 결혼생활은 행복했을까? 공주, 혹은 옹주의 인생을 결정하는 것은 시대의 정치적 향방이었어. 때로는 어머니인 왕비나 후궁의 운명에 따라 비참한 말로를 맞이하는 공주나 옹주도 생겨났단다. 가장 비극적인 삶을 살았던 대표적인 공주는 태조의 계비 신덕왕후 강씨의 소생인 경순공주야. 그녀는 의붓오빠인 이방원(후에 제3대 태종)이 일으킨 제1차 왕자의 난으로 두 남동생 방번과 방석을 잃고 개국공신이었던 남편 흥안군 이제까지 죽음을 당하게 돼. 태조 이성계는 다음해에 공주를 측은해하며 비구니가 되게 하여 평생을 스님으로 살게 하지.

그런가 하면 국왕인 배다른 오빠나 큰아버지에 의해 노비로 전락한 공주나

옹주들도 있어. 문종의 딸이며 단종의 누이인 경혜 공주는 동생인 단종이 단종 복위 운동 때문에 죽음을 당하고 남편인 정종마저 반역죄에 휘말려 죽음을 당하면서 관청의 노비 신세가 되었단다. 비록 관비가 되었지만 공주로서의 품위를 잃지 않았으며 남편을 잃은 상태에서 아들을 낳았어. 이를 딱하게 여긴 세조의 왕비 정희왕후는 아기를 거두어 길러주었고 세조는 아기에게 '미수'라는 이름을 내렸어. 정희왕후와 세조가 경혜공주를 딱하게 여기는 실록의 기사가 있으니, 읽어 볼까?

중궁이 임금에게 말하기를,

"영양위공주(寧陽尉公主:경혜공주를 말함)를 박대하여 버리는 것은 불가합니다."

하니, 임금이 말하기를,

"바로 나의 마음이다... 정종(鄭悰)의 처는 문종의 적녀(왕비가 낳은 딸)이며, 또한 죄가 없으니 내가 집과 토지, 노비를 공적으로 버리고자 한다..."

- 세조 26권, 7년 12월 14일(경진) 1번째 기사 1461년

이외에 성종의 후궁인 엄귀비의 딸인 공신 옹주의 이야기도 감동적이야. 연산군의 친어머니인 폐비 윤씨의 죽음에 나섰다는 이유로 친정어머니인 엄귀비가 죽게 되면서 그녀 역시 위리안치를 당해. 그런데 그녀는 유배를 가기 전 이미 저 세상으로 간 남편의 신위를 몰래 가지고 가서 가시나무 울타리 속에 숨겨두었어. 그리고는 비가 오나 눈이 오나 자신이 먹을 것도 변변치 않으

면서 아침저녁으로 끓인 죽은 물론 풀뿌리나 열매라도 마련하여 정성껏 제사를 지냈다고 해.

또 다른 이야기의 주인공으로 선조와 인목대비 사이에 태어난 정명공주가 있어. 그녀는 오빠인 영창대군이 강화도에서 죽음을 당하고 어머니인 인목대비는 폐서인이 되어 서궁에 갇히면서 함께 유폐 생활을 하다가 중종반정 이후에 다시 공주로 복권될 수 있었지. 이후 영안위 홍주원에게 하가하여 80세까지 장수하였는데 숙종 때 실록에는 그녀를 극진히 대우하는 기사가 실려 있어.

하교하기를,
"선조 대왕의 친공주는 단지 정명 공주 1인이 있는데, 나이가 지금 75세이다. 넉넉하고 특이하게 은전을 버리지 않을 수 없으니, 잔치 때 쓸 것을 해조(該曹)로 하여금 넉넉하게 지급하도록 하라."
하였다.

- 숙종 6권, 3년 2월 23일 1번째 기사 1677년

조선의 왕녀 중 불행한 삶을 살았던 대표적 여성은 고종의 고명딸인 덕혜옹주야. 고종은 그녀를 무척 사랑하여 궁궐에 지금의 유치원 같은 유아교육 시설을 만들어 가문이 좋은 또래 아이들까지 모아 주었다는 이야기는 유명하지. 그러나 그녀는 고종이 갑자기 죽은 후에 일본으로 강제 유학을 가게 되었고 어머니인 양귀인도 유방암으로 세상을 떠났어. 어린 마음에 큰 상처를 입

은 덕혜 옹주는 정신분열증 증세를 보이기 시작했어. 병이 완전히 치유되지 못한 상태에서 일제에 의해 1931년에 쓰시마 섬 도주의 후예인 소 다케유키[宗武志]와 정략 결혼을 하게 돼. 덕혜 옹주는 딸 하나를 낳았지만 이내 병세가 악화되어 정신병원에 오랜 기간 입원해야 했지. 결국 이혼한 후 정신병원에서 생을 살다가 말년에야 겨우 한국으로 귀국할 수 있었어. 창덕궁의 낙선재에서 마지막 남은 상궁들의 지극한 보살핌을 받았지만 실어증과 지병에 시달리다가 1989년에 한 많은 일생을 마쳤지. 순종실록은 일제 때 만들어졌기 때문에 그 기록에 신빙성은 없지만 이런 기록을 남기고 있어.

> 복녕당 아기【덕수궁 양 귀인이 낳은 왕녀이다.】에게 덕혜(德惠)라는 호를 하사하였다.
>
> - 순종부록 12권, 14년 5월 4일 2번째 기사 1921년

> 덕혜 옹주가 심상소학교의 수업에 날마다 출석하므로 해당 교장 및 담임 교사에게 상품을 하사하였다.
>
> - 순종부록 14권, 16년 3월 30일(양력) 2번째 기사 1923년

하지만 조선 왕녀들의 삶이 이렇게 각박하기만 했던 것은 아니야. 최고의 부귀영화를 누리는가 하면 문화발전에 기여한 공주도 있었고 세자와 정치권력을 놓고 치열한 정치싸움을 하며 권세를 휘둘렀던 옹주도 있었어.

태종의 딸인 경안 공주는 세종이 대군 시절부터 우애를 돈독히 하였던 누이였지. 책을 좋아하는 충녕대군과 함께 이야기를 나누는 학문적 동지였어. 경안 공주는 태어나면서부터 미모가 뛰어났고 영민하여 태종의 사랑을 듬뿍 받았어. 그녀는 조선의 개국공신인 권근의 아들 길창군 권규에게 하가했어. 시댁에서도 칭송이 자자할 정도로 시부모님을 극진히 모시고 예의범절이 뛰어났지. 그러나 그녀는 안타깝게도 23세의 나이에 생을 마쳤단다.

　　그런가 하면 조선의 왕녀 중에서 정치력이 탁월하여 권력을 휘둘렀던 옹주도 있어. 영조의 사랑을 가장 많이 받은 것으로 알려져 있으며 드라마 이산에서 정조와 갈등을 벌였던 정조의 고모, 화완 옹주야. 실록에도 그녀는 영조의 사랑을 등에 업고 사도 세자를 모함하는데 앞장섰을 뿐 아니라, 그녀의 양자인 정후겸은 영조가 잠시 국정에 싫증을 내는 틈을 타서 권력을 남용하여 국정을 좌우했다고 나와있어. 또 정조가 세손 시절에 영조를 대신하여 대리청정을 하게 되자 화완 옹주와 정후겸 등은 이를 강력히 반대했지. 정조가 왕위에 오른 후 삼사가 나서서 화안 옹주를 처형하자고 하였으나 정조는 정후겸 일파만을 처단하고, 영조가 지극히 사랑하였기 때문에 화완 옹주에게는 죽음을 내릴 수 없다고 거절했어. 그래도 재차 삼사가 청을 거두지 않자 심지어 삼사 관리를 모두 교체해 버려.

　　그렇다면, 옹주들에 대한 왕의 관심과 사랑은 어느 정도였을까? 영조의 둘째 딸로 화완 옹주 이상으로 영조의 지극한 사랑을 받았던 화평 옹주가 눈을 감게 되자 영조는 통곡을 하며 화평 옹주 처소에서 비통에 잠겨.

임금이 화평 옹주의 집에 행차하였다. 옹주는 곧 임금의 둘째 딸로 영빈 이씨의 소생이었다. 임금이 매우 사랑하였는데, 금성위 박명원에게 하가하였다. 이때에 이르러 병이 위독했으므로 ... 임금이 갑자기 옹주의 집으로 행행하였다. ... 옹주가 곧 이어 졸하자 임금이 매우 슬퍼하였으며...통곡하면서 슬픔을 스스로 억제하지 못하였다. 날씨가 매우 무더웠는데 밤새도록 환궁하지 않고... 밤을 새웠다. 염습할 때 친히 옆에서 지켜보았으며, 일등으로 장례를 치루라고 명하였다.

- 영조 67권, 24년 6월 24일 2번째 기사 1748년

실록에도 그녀의 장례식은 매우 호화찬란하였다고 기록되어 있어. 이렇듯 왕비나 후궁 이상으로 조선의 국왕과 가까웠던 여성이 조선의 왕녀란다. 실록은 그들의 생생한 삶을 수백 년의 공간을 초월하여 후대인 우리들에게 잔잔히 전하고 있지.

조선에는 시부모를 극진히 모시고 남편에게 정절을 다한 열녀에게 열녀문을 세워주는 전통이 있었어. 그런데 옹주의 몸으로 열녀문이 세워진 옹주가 있단다. 그녀가 화순옹주야. 그녀는 남편인 월성위 김한신이 병에 걸려 죽음에 이르자 슬픔을 이기지 못하여 14일 밤낮을 울고 지내며 곡기를 끊고 생을 마쳤단다. 그녀가 식음을 전폐하고 슬픔에 잠겨 있는 것을 마음 아파한 영조가 먹기를 권하였으나 그녀는 끝내 아버지의 간절한 소망도 외면하고 눈을 감았어. 신하들은 화순 옹주에게 열녀문을 세워주자고 청하였으나 영조는 이것을 거절했지. 그 이유는 무엇일까?

영조가 말하기를 정절은 지켰으되 밥을 먹으라는 아비의 청을 듣지 않고 눈을 감았으므로 효녀는 되지 못했다는 것이야. 또 애비가 자식의 열녀문을 세워주는 법은 없다고 하면서 신하들의 간청을 들어주지 않았어. 그녀의 열녀문이 세워진 것은 정조 때에 이르러서란다.

[실록 속 결혼과 성]
조선을 휩쓴 다양한
사랑과 성 스캔들

한때 언론에서 연예인들의 X파일이 발견되었다고 떠들썩한 적이 있어. 그 중에는 성과 관련한 스캔들 내용도 있어 세인들의 관심을 끌었지. 우리는 보통 조선 사회가 엄격하고 또 내외의 구별이 분명한 신분제 사회로 예의가 아닌 것은 행하지도 않는 유교 사회였을 거라고 생각할 거야. 하지만 실록을 파헤쳐 보면 입이 다물어지지 않을 정도의 다양한 성 스캔들 내용들이 담겨 있단다. 부부유별, 삼종지도, 일부종사, 남녀유별, 남녀7세부동석 등 우리가 익히 들어 온 유교적 도덕관을 무너트린 조선 시대 성 스캔들을 들여다보면 교과서에서 배우는 조선이 아닌 생동감 넘치는 인간적인 조선 사회의 모습을 느껴볼 수 있어. 그럼 우선 바람둥이 임금들부터 알아볼까?

조선 시대 최고의 바람둥이 임금은 누구였을까? 후궁을 가장 많이 둔 임금은 태종이야. 모두 11명의 후궁을 두었지. 세종과 성종도 이에 못지않아 9명의 후궁을 두었어. 그리고 중종과 고종이 7명, 선조가 6명의 후궁을 두었지.

그렇다면 최고의 바람둥이는 태종이었을까? 그렇지 않아. 역대 임금 중 최고의 성 스캔들을 일으킨 임금은 연산군이야. 연산군은 특히 후궁인 장녹수에게서 사대부집 부인과 첩들에 대한 정보를 입수한 다음 강제로 궁궐로 불러 간음하기를 서슴지 않았어. 이것과 관련한 기록을 보기 전에 먼저 연산군의 후궁인 장녹수에 대해 알아볼게. 장녹수는 출신이 노비야. 노비에서 왕의 후궁이 되었는데 여러 남자에게 몸을 팔아 높은 지위에 올랐다고 실록은 기록하고 있어.

장녹수는 제안대군의 집안 노비였다. 성품이 영리하여 사람의 뜻을 잘 맞추었는데, 처음에는 집이 매우 가난하여 몸을 팔아서 생활을 했으므로 시집을 여러 번 갔었다. 그러다가 대군의 노비의 아내가 되어서 아들 하나를 낳은 뒤, 노래와 춤을 배워서 기생이 되었는데, 노래를 잘해서 입술을 움직이지 않아도 소리가 맑아서 들을 만하였으며, 나이는 30여 세였는데도 얼굴은 16세의 아이와 같았다. 왕이 듣고 기뻐하여 드디어 궁중으로 맞아들였는데, 이로부터 총애함이 날로 융성하여 말하는 것은 모두 좇았고, 숙원으로 봉했다. 얼굴은 중인(中人) 정도를 넘지 못했으나, 남모르는 교사와 요사스러운 아양은 견줄 사람이 없으므로, 왕이 혹하여 ...부고(府庫)의 재물을 기울여 모두 그 집으로 보내었고, 금은 주옥을 다 주어 그 마음을 기쁘게 해서, 노비·전답·가옥도 또한 이루 다 셀 수가 없었다....

- 연산 47권, 8년 11월 25일 2번째 기사 1502년

이 기사를 통하여 사대부집 부인들은 남편이 세상을 떠나면 수절을 하면서 평생을 홀로 지냈지만 일반 백성 중에는 가난할 경우 시집을 여러 번 가는 경우도 있었다는 사실을 확인할 수 있어. 바로 이 여인, 장녹수가 연산군이 바람 피는 일을 도맡아 상상을 초월하는 성 스캔들을 일으키게 해. 다음의 기록에서 알 수 있지.

..사신은 논한다. 왕이 음탕이 날로 심하여, 매양 족친 및 선왕의 후궁을 모아 왕이 친히 잔을 들어서 마시게 하며, 마음에 드는 사람이 있으면 문득 녹수 및 궁인을 시켜 누구의 아내인지를 비밀히 알아보게 하여 외워 두었다가 이어 궁중에 묵게 하여 밤에 강제로 간음하며 낮에도 그랬다. 혹 4, 5일토록 나가지 못한 사람으로서, 좌의정 박숭질의 아내, 남천군 이쟁의 아내, 봉사 변성의 아내, 총곡수의 아내, 참의 권인손의 아내, 승지의 윤순의 아내, 생원 권필의 아내, 중추 홍백경의 아내 같은 이들이 다 추문이 있었다. 백경은 ... 왕에게는 고종사촌 형이 되는데, 백경이 죽고 과부로 살매, 왕이 그의 아름다움을 듣고 드디어 간통하였다.

- 연산 57권, 11년 4월 12일(정묘) 2번째 기사 1505년

이러하니 연산군을 폭군이라고 아니할 수 없고 그가 왕에서 쫓겨난 원인도 미루어 짐작할 수 있지.

그런데 조선에는 여성이 직접 나선 유명한 성 스캔들 사건들도 있어. 세종 때 사대부집 부인이었던 유감동은 무려 39명이나 되는 남자들과 정을 통하였다가 발각되서 조선을 시끌벅적하게 뒤집어 놓았지. 다음이 그 기록이야.

임금이 대언 등에게 묻기를,

"사헌부에서 음부 유감동을 가뒀다는데, 간부(奸夫)는 몇이나 되며, 본 남편은 누구인가..."

하니, 좌대언 김자가 대답하기를,

"간부(奸夫)는 이승·황치신·전수생·김여달·이돈 등과 같은 사람이고, 기타의 몰래 간통한 사람은 이루 다 기록할 수 없사오며, 본 남편은 지금 평강현감 최중기입니다. 중기가 무안 군수가 되었을 때에 거느리고 가서 부임했는데, 이 여자가 병을 핑계하고 먼저 서울에 와서는 음란한 행실을 마구하므로 중기가 이를 버렸습니다. 그 아비는 검한성 유귀수이니 모두 사족(士族)입니다."

- 세종 37권, 9년 8월 17일 2번째 기사 1427년

그러나 세종 때만 하더라도 아직 유교 사회의 확고한 기틀이 마련되어 있지 않은 시대였어. 그러다 보니 감동만 음부로 몰아 모진 국문을 하고 멀리 변방에 유배 보낸 후 관기로 삼도록 했어. 반면에 관련된 남성들은 조사를 하는 둥 마는 둥 처리했어.

조선 시대에 성 스캔들을 일으킨 사대부집 부인이 또 한 명 있단다. 그 주인공은 놀랍게도 종실의 부인이었으니 조선 전체를 발칵 뒤집어 놓았다 해도 과언이 아니야. 이 여성이 바로 성종 때 지승문 박씨의 딸로 종실 태강수 이동의 아내였던 어을우동이지. 자유로운 성생활을 한 여성이 사형을 당하는 것은 지금으로서는 상상도 할 수 없는 일이야. 오히려 세종 때의 감동에 비하면 어을우동이 정을 통한 남성의 숫자가 훨씬 적어. 그러나 그때와는 시대가 또 달라졌단다. 성종 때는 유교적인 통념이 조선 사회에 더 깊이 자리 잡아 삼종지도가 엄격한 모습이 되어 있었고 그만큼 어을우동의 자유로운 성생활은 큰 사회 문제가 되었어. 그녀는 천한 신분의 남성부터 고관에 이르기까지 열 명이 넘는 남자와 관계를 하였고 이것이 탄로나 남편에게서 버림을 받았지. 처음 그녀의 조사를 위해 보고된 내용을 보면 어을우동뿐 아니라 역시 사대부 부인이었던 그녀의 어머니도 노비와 정을 통한 사이였음을 알 수 있어. 이것으로 보아 조선 사회에서 억압된 성에 대한 여성들의 불만이 상당히 잠재해 있음을 짐작해 볼 수 있단다.

좌승지 김계창이 들어와 일을 아뢰니, 임금이 말하기를,

"들으니, 태강수의 버린 아내 박씨가 죄가 중한 것을 스스로 알고 도망하였다 하니, 끝까지 추포하라."

하였다. 김계창이 말하기를,

"박씨가 처음에 은장이와 간통하여 남편의 버림을 받았고, 또 방산수와 간

결국 어을우동은 열 명이 넘는 남자들과 신분 고하를 가리지 않고 정을 통하여 미풍양속을 어지럽힌 죄로 의금부에 의해 국문을 당한 다음 교수형에 처해졌어. 그러나 그녀와 정을 통한 남성들은 대부분 혐의를 부인하였을 뿐 아니라 가벼운 처벌만 받았다가 그나마도 이후에 복직되지. 이 부분은 감동 때와 거의 비슷해. 이것으로 보아 조선 사회가 남존여비 의식이 매우 강한 유교적 사회였으며 여성들은 상대적인 약자로 형평에 맞지 않는 처벌을 받았음을 알 수 있단다.

한편 일단의 사대부 여성들이 엄격한 성생활의 사회적 억압에 맞서 매우 적극적으로 사랑을 쟁취했음을 알 수 있는 흥미로운 기사도 있어. 사육신 중의 한 사람인 김문기의 딸이 그러한 경우란다. 김문기의 딸이 이번이라는 사람과 혼인을 했는데 그는 성 불구자였어. 그러자 김문기의 딸은 남성이 크다고 소문난 별시위직에 있는 임중경이라는 사람과 잠자리를 하기 위해 적극적으로 움직였지. 먼저 자신의 여종을 시켜 그와 잠자리를 하도록 한 다음 임중경의 남성에 대한 소문이 사실임을 확인하고는 대담하게 그와 잠자리를 하기 시작했지. 그리고 자신뿐 아니라 판종부시사 황보공과 전 녹사 황인헌의 딸들과도 무리를 지어 연애를 하고 다녔어. 사태는 심각해져서 김문기의 이웃 집 아이가 나무에 올라 과일을 따다가 이들이 서로 껴안고 연애하는 모습을 보게 되어 이 일이 여러 사람에게 알려지게 되었단다. 결국 사헌부의 고발로 의금부에서 조사를 하게 되었어. 그런데 때마침 세조가 정권을 잡는 계유정 난이 성공하여 죄인들을 풀어주는 은혜를 베푸는 바람에 김문기의 딸과 사대 부집 여성들은 죄를 받지 않게 되었지. 이것에 대해 김문기는 이렇게 이야기 하고 다녔다고 실록에 기록되어 있단다.

...사간원에서 의금부에 내려 국문하기를 청하여 옥사가 거의 갖추어졌는 데, 계유정난후에 이르러 대사면으로 석방되었다. 김문기가 사람들에게 자랑하기를,
"요즘 철퇴가 왔다 갔다 하더니, 우리 딸의 죄가 얼음같이 풀렸다."
하였다.

- 단종 7권, 1년 9월 27일 1번째 기사 1453년

한편 조선왕조실록에서 전하는 여성들 중에는 질투에 눈이 멀어 자신의 목 적을 위해 수단과 방법을 가리지 않는 악녀 같은 여성들도 있어. 이러한 여성 들의 모습을 분석해 보면 조선 사회의 감춰진 또 다른 모습이 우리 앞에 펼쳐 진단다. 질투에 눈이 먼 조선의 악녀하면 생각나는 여성이 있을 거야. 바로 숙 종비였다가 빈으로 내쳐진 희빈 장씨이지. 그녀는 인현왕후를 죽음에 몰아넣

기 위해 갖은 저주와 못된 일을 저질렀어. 희빈 장씨는 과연 어떤 일을 한 것일까? 감히 입에 담을 수도 없는 무서운 일들을 했단다. 다음은 궁녀 숙영이 실토한 내용 중 일부야.

...재작년 9, 10월에 희빈의 말로 인하여 각씨(인형을 말함) 7개를 만들어 보내었는데, 다홍비단으로 치마를 만들고 남비단으로 옷을 만들었으며, 죽은 새·쥐·붕어 각각 7마리를 아울러 대궐에서 내보낸 버드나무 고리에 담아 철생으로 하여금 대궐 안으로 들여보냈는데, 설향이 글로 보고하기를, '한 상궁과 숙이가 통명전·대조전 침실 안에 다 같이 묻었다.'라고 하였습니다.

- 숙종 35권, 27년 10월 3일 3번째 기사 1701년

이런 일을 저지른 그녀는 결국 자진하라는 명을 받아 사약을 들이키고 죽고 말았어. 그래도 분을 못이긴 숙종은 후궁은 비가 될 수 없다는 법령까지 만들었지. 희빈 장씨 사건은 왕을 독차지하기 위한 궁궐 비빈들의 암투를 적나라하게 보여주는 것이지만, 사실 그 원인은 희빈 장씨에게 사랑을 주었다가 변덕이 죽 끓듯 여성을 갈아치운 숙종때문이기도 해. 죄는 희빈 장씨가 저질렀지만 숙종에게도 어느 정도 책임이 있다고 할 수 있지.

그런가 하면 남편을 위협하여 강제로 이혼을 하게 한 다음 다른 남자에게 개가한 여성이 벌을 받은 사건도 있어. 다음 기록이 그것이야.

사헌부에서 아뢰기를,

"양녀(良女) 분경이 수의 부위 이용수에게 시집가려고 본남편 최희를 핍박하여, 기별 명문을 받아 가지고 드디어 이용수에게 시집갔습니다. 분경은 장 1백 대에 해당하니 옷을 벗기고 형을 받게 하고, 이용수는 장 1백 대에 징역 1년에 해당하나, 나이 70이상의 예로써 속(贖)을 거두게 하소서."

- 세조 3권, 2년(1456 병자) 1월 11일(신사) 3번째 기사

이 기사에는 '기별명문'이라고 부르는 이혼 문서가 등장해. 기별명문은 부부가 이혼할 때 작성하는 증서란다. 보통 조선 시대에는 이혼이 없거나 이혼을 하지 않는 것으로 생각하는 사람들이 많아. 그러나 사실 그렇지 않았단다. 그리고 조강지처를 버린 사대부에게는 엄한 처벌이 내려졌을 뿐만 아니라 이혼을 허락하지 않고 다시 함께 살게 하는 조치가 행해졌어.

현사(憲司)에서 계하기를,

"성균 사성 이미가 아내를 버리고 다시 장가들었습니다. 비록 자식이 없기 때문이나 아비의 삼년상을 함께 치렀으니 의리상 버릴 수 없는 것입니다... 법조문에 따라 도로 동거시키기를 청합니다."

하니, 그대로 따랐다.

- 세종 29권, 7년 7월 7일 4번째 기사 1425년

그런데 이미는 오히려 이 조치를 받아들이지 않고 상소까지 올려 억울하다고 하소연하자 세종은 그를 장 90형에 처하기도 했단다.

또 조선에서는 부모에게 불경하게 행하는 여성은 국법에 따라 강제 이혼을 하도록 했어. 시어머니의 환갑잔치에서 첩을 끼고 노는 남편 때문에 속이 뒤집혀서 사람들 앞에서 불손한 행위를 했다가 이혼하라는 조치를 받은 여인의 이야기도 실록에 기록되어 있어.

김보인의 아내가 부모에게 축하드리는 날을 친족과 어른들이 다 모였는데, 지아비의 기생 첩을 보고 질투하는 마음을 일으켜 안방으로 뛰어 들어가 헌수하는 예를 행하지 않았으니, 평상시에도 효도하고 공순하지 않았다는 것을 단정코 알 수 있습니다. 칠거지악에 부모에게 불순하는 것을 으뜸으로 삼고 있으니, 비록 시아버지의 삼년상을 함께 치루었다고 하더라도 지금 살아 있는 모친에게 공순하지 않았으니...원컨대 옛날 성인의 훈계대로 우선 이혼하게 하여...

- 세종 100권, 25년(1443 계해) 4월 29일(갑인) 2번째 기사

한편 실록의 기사 중에는 남편을 마음대로 희롱한 여인들의 이야기도 실려 있어. 그 주인공은 앞에서 말했던 연산군의 후궁인 장녹수와 추남과 결혼하여 남편을 놀리다가 남편의 고소로 이혼을 당하게 되는 홍태손의 아내 신씨의 이야기야.

하지만 천하를 가진 것 같던 장녹수도 연산군이 쫓겨나가자 참형에 처해졌어. 그렇다면 남편을 핍박한 아내 신씨는 어떻게 되었을까?

하지만 이런 여성들의 이야기를 떠나서 조선 시대의 많은 여성들은 행복하지 않았어. 유교 도덕이 여성들의 자유를 속박했고 남편이 첩을 들여도 겉으로 감정을 내보일 수 없었지. 층층시하 시부모님에 대한 공경이 예법에 어긋나면 강제로 이혼을 당했고 신분을 뛰어넘는 사랑도 하기 어려웠어. 조선왕

---

* 속형 : 죄를 면하기 위해 돈을 바치는 형벌을 말한다.

조실록의 기사들은 조선의 성을 억압받은 여성, 질투 때문에 불행해진 여성,

남편과 화합하지 못하여 이혼 당한 여성 등 그 시대의 다양한 여성들의 이야

기를 전해주고 있지.

알아 두면 더 좋은 이야기 여성을 숨 막히게 했던 '칠거지악(七去之惡)'

조선에는 여성들의 목줄을 잡고 숨 막히게 만들었던 규범이 있어. 여러분도 많이 들어봤을 거야. 바로 칠거지악이지. 즉 7가지의 악행을 저지른 여성은 내쫓아도 된다는 것이란다. 《대대례》의 본명편(本命篇)에 의하면, "부인에게는 7가지 내쫓을 사항이 있으니 시부모에게 순종하지 않으면 내쫓고, 아들이 없으면 내쫓고, 음탕하면 내쫓고, 질투하면 내쫓고, 나쁜 병이 있으면 내쫓고, 말이 많으면 내쫓으며, 도둑질을 하면 내쫓는다." 라고 했어. 그러나 실록의 기록을 보면 남편이 칠거지악에 입각하여 이혼을 요구해도 허락하지 않는 경우가 있단다. 그 이유로 대부분 아내가 부모의 3년 상을 함께 모셨다는 내용을 들고 있어. 한편 《대대례》의 본명 편에는 칠거지악에 이어 '삼불거'라고 하여 내보내지 못하는 이유를 세 가지 들고 있다. 보내도 돌아가 의지할 곳이 없으면 내쫓지 못하고, 함께 부모의 3년 상을 치렀으면 내쫓지 못하며, 전에 가난하였다가 뒤에 부자가 되었으면 내쫓지 못한다는 내용이지.

아들을 낳지 못해서, 질투를 해서, 또 병에 걸려 몸이 죽을 것 같은데도 쫓겨나가야 했던 조선의 여성에게 측은한 마음이 들지 않니?

[실록 속 궁녀의 삶]
가깝고도 먼 왕실의 그림자

　　조선의 궁궐에 궁녀들이 없었다면 왕을 비롯한 왕실 가족들은 제대로 된 품위 유지와 생활을 할 수 있었을까? 역사의 전면에 나오는 국왕과 왕비, 그리고 역사적 사건 뒤에는 언제나 그들의 그림자라고 할 수 있는 궁녀들이 있었단다. 궁녀들의 생활과 애환, 숨겨진 이야기들을 조선왕조실록 속에서 찾아 보자.

　　조선왕조실록에는 궁녀들을 궁인으로 기록하고 있어. 가장 먼저 기록이 보이는 곳은 태조 6년의 기사이지.

> 전 판사 김원호의 딸로 궁인을 삼았다.
>
> ― 태조 11권, 6년(1397 정축) 3월 5일(무오) 1번째 기사

　　이 기사를 통해 궁녀의 신분이 양가집 여성임을 알 수 있어. 그러나 일단 궁녀로 궁궐에 들어가면 하늘의 별따기와 같은 왕의 승은을 입어 후궁이 되는

167

것 외에는 평생을 혼인을 하지 못하고 지내야 하지. 그러자 양반 가문에서는 궁녀로 딸을 들여보내는 것을 점차 꺼려하기 시작했어. 그래서 보통 중인이나 서민들 중에서 선발을 하거나 현재 궁인으로 있는 여성의 친척들이 들어오기도 했지. 그러다가 제20대 임금인 경종 이후로는 노비 중에서 선발을 하도록 했어. 그만큼 궁녀의 일은 힘들고 고달픈 과정이었기 때문이야. 고종 때 편찬된 『대전회통』에 따르면 궁녀는 각 관청의 노비 중에서 선발해야 하며 양인들 중에서 궁녀를 선발했을 시엔 60대의 장형과 1년의 징역살이를 해야 하는 도형에 처하도록 명시되어 있어.

조선왕조실록에는 궁녀와 관련한 무수한 기록이 있지. 그 중에는 조선 건국 초부터 이미 궁녀들이 권력의 핵심에 접근하는 길을 제공했다는 것을 짐작하게 하는 기사도 있어. 함께 읽어 볼까?

> ...빈 유씨는... 유준의 딸인데, 준이 궁인에게 아첨하고 섬기어 그 딸을 임금께 보이니, 임금이 이를 받아들이고, 전 밀직 부사였던 그를 갑자기 고흥백으로 봉하였다.
>
> - 태조 13권, 7년(1398 무인) 1월 7일(을묘) 1번째 기사

궁녀들은 내명부에 속하여 국가에서 품계까지 받았어. 내명부란 궁중에서 품계를 받은 여인을 통틀어 이르는 말로, 경국대전에 궁궐 여성들에 대한 품계를 법으로 정해 놓았단다. 이에 따르면 가장 높은 신분은 정5품의 상궁이고

가장 낮은 품계는 종9품으로 주변징·주징·주우·주변궁이 있었어. 또 일한 대가에 대한 녹봉도 지급되었어. 그렇다면 얼마를 받았을까? 아기나인의 경우에는 한 달에 백미 너 말(4斗)을 받았고 1년에 명주와 무명 각 1필을 지급받기로 되어 있었지. 하지만 시시 때때로 하사받는 물품이 제법 많아서 이러한 물품들은 부모님이 계시는 사가로 보내지기도 했단다.

궁녀 중 가장 신분이 높은 상궁은 제조상궁이야. 제조상궁은 지금으로 치면 여성부 장관이라고도 말할 수 있지. 학식과 교양이 높았고 충성으로 왕비와 대비를 보좌하면서 내명부의 궁녀들을 통솔했단다. 그래서 이들을 큰방상궁이라고도 불렀어. 이들은 행동 자체가 엄격히 절제되어 있었어. 그도 그럴수밖에 없는 것이 보통 4~6세에 입궐하여 궁궐예법과 생활방식, 궁체 등을 배우며 궁녀가 되기 위한 훈련을 자그마치 15년 동안이나 받기 때문이야.

한편 지밀상궁은 대령상궁이라고도 부르는데 국왕과 왕비, 혹은 대비와 후궁들을 밤낮으로 모시며 수발을 드는 상궁이란다. 가장 나이가 어린 상궁은 일반 나인 중에 왕의 승은을 입어 상궁이 된 여성으로, 이들은 보통 20대에 상궁이 되었으며 모든 일에서 해방되어 왕을 모시는 일만 하면 되었지. 이들이 승은을 입은 결과 아기를 낳으면 일약 내명부의 종4품에 해당하는 숙원으로올라 왕의 후궁이 될 수 있었어. 숙원이 되면 그녀들의 일족에도 여러 가지의특혜가 주어졌단다. 실록이 전하는 기사 내용을 살펴 볼까?

좌의정 박원종·우의정 유순정이 아뢰기를,

"숙의 홍씨·윤씨의 부친은 이미 승수가 되었는데, 나씨·박씨의 부친만이 은혜를 입지 못하였습니다. 청컨대 박씨의 부친으로 서반의 참상*을 삼고, 나씨의 부친으로 동반에 승격시켜, 녹봉을 넉넉히 주게 하소서."

- 중종 2권, 2년(1507 정묘) 3월 18일(신유) 4번째 기사

조선에는 궁녀에서 출발하여 왕비까지 오른 여성이 두 명 있어. 그러나 두 사람 모두 비극적으로 생을 마쳤단다. 첫 번째 여성은 연산군의 생모인 폐비 윤씨이고 두 번째 여성은 경종의 생모로 왕비가 되었다가 역시 폐서인이 된 희빈 장씨야. 두 여성의 공통점은 수단과 방법을 가리지 않고 왕의 사랑을 독차지하려다가 사약을 받고 남편의 손에 죽음을 당하게 되었다는 거야. 이와 정반대로 영조의 생모인 숙빈 최씨나 순조의 생모인 수빈 박씨 같이 정숙하고 존경받는 삶을 살았을 뿐만 아니라 죽은 후에도 그리움의 대상이 된 궁녀 출신의 여성들도 있지.

흥미로운 것은 조선왕조실록에 악녀의 역할을 도맡아 진두지휘하다가 들통이 나서 국문을 받고 죽음에 이른 궁녀들에 대한 기록이 심심치 않게 보인다는 거야. 특히 비빈들이 질투에 휩싸일 때 경쟁 상대인 여성을 몰락하게 하

---

* 참상 : 6품에서 정3품 당하관 이하까지를 말한다.

는 저주의 비법을 알려주거나 앞장서서 저주를 위해 필요한 물품들을 구해오는 역할을 모두 궁녀들이 맡고 있지. 먼저 세종의 노여움을 가져왔던 궁녀 호초의 예를 알아볼까?

...세자빈 김씨가 대답하기를, '시녀 호초가 나에게 가르쳤습니다.' 하므로 곧 호초를 불러 들여 친히 그 사유를 물으니, 호초가 말하기를, '거년 겨울에 주빈(세자빈 김씨를 말함)께서 부인이 남자에게 사랑을 받는 술법을 묻기에 모른다고 대답하였으나, 주빈께서 강요하므로 제가 할 수 없이 가르쳐 드리기를, 「남자가 좋아하는 부인의 신을 베어다가 불에 태워서 가루를 만들어 가지고 술에 타서 남자에게 마시게 하면, 내가 사랑을 받게 되고 저쪽 여자는 멀어져서 배척을 받는다 하오니, 효동·덕금 두 시녀의 신을 가지고 시험해 보는 것이 좋겠습니다.」하였다.'...

- 세종 45권, 11년(1429 기유) 7월 20일(갑자) 3번째 기사

이런 식이었단다. 세종은 대노하여 세자빈 김씨를 폐하였고 궁녀 호초도 법에 따라 엄히 처벌했지. 궁녀가 비빈을 가르쳐 못된 일을 하게 한 대표적인 사례가 또 있어. 숙종 때 희빈 장씨가 인현왕후를 저주한 사건이란다. 이때도 궁녀가 앞장서서 중심적인 역할을 수행했어. 희빈 장씨와 함께 일을 벌인 궁녀들은 혹독한 국문을 당한 후 죽음에 이르게 되는데, 다음은 관련된 궁녀들의 이름이 등장하는 실록의 내용이야.

2010년에 방영한 높은 시청률을 보인 국민 드라마 〈동이〉의 주인공인 영조의 어머니, 숙빈 최씨(동이)의 인생은 실제로도 드라마틱했어. 민간에 전해 내려온 이야기에 의하면 그녀는 궁녀 중 가장 아래 신분에 속하는 물 긷는 나인인 무수리였다고 하지만 조선왕조실록에서는 그런 내용을 찾아 볼 수 없지. 그녀는 인현왕후가 왕비가 되기 전부터 민씨 대감 댁의 노비였어. 인현왕후가 숙종의 왕비로 간택되자 인현왕후의 시녀로 함께 궁으로 들어왔는데 이때 고작 12세였다고 해. 그 후 숙빈 최씨는 그 많은 궁녀들을 제치고 숙종의 눈에 들게 되지. 전해 내려오는 이야기에 의하면 1689년에 인현왕후가 희빈 장씨의 모함으로 궁에서 쫓겨난 후 숙빈 최씨는 매일 매일 인현왕후가 복위되기를 기원했대. 이 모습을 우연히 지나가던 숙종이 보게 되어서 관심을 두게 되었고 결국은 숙종의 사랑을 받게 되었다는 거야. 숙빈 최씨는 숙종 16년 1690년에 숙종과의 사이에 왕자 영수를 낳았지. 하지만 이 아이는 태어난 지 2달 만에 세상을 떠났어. 그러나 숙종의 숙빈 최씨에 대한 총애는 계속되어 1693년에는 종4품에 해당하는 숙원이 되었지. 그리고 1694년, 숙빈 최씨는 연잉군을 낳아 숙원이 된 지 1년 만에 종2품에 해당하는 숙의로 승격하지. 이 아기가 조선 제19대 왕 영조란다.

그녀의 주인과도 같았던 인현왕후가 병으로 세상을 떠나고 인현왕후를 이어 16세의 인원왕후가 숙종의 2번째 계비로 들어왔지만 숙빈 최씨에 대한 숙종의 사랑은 여전했어. 앞서 숙종은 희빈 장씨가 인현왕후를 저주하여 죽게 만든 사건 이후 궁녀가 왕비가 되는 것을 금지시키는 법을 만들어 공포했어. 희빈 장씨는 사실상 후궁으로 조선의 국모가 된 마지막 여성이었지. 만약 이 법이 아니었다면 아마도 숙빈 최씨는 숙종의 새로운 왕비가 되었을지도 몰라. 비록 왕비로 삼지는 않았지만 숙종은 인현왕후를 복위시킨 것을 기념하면서 숙의 최씨 역시 정1품에 해당하는 숙빈으로 승격시켰단다.

하지만 숙빈 최씨의 경우는 조선의 500여 년 역사에서 극히 드문 경우지. 대부분의 궁녀들의 삶은 결코 행복하지 않았어. 일생을 쉽지 않은 노동으로 보내야 했고 잘못을 저지르면 사정없는 구타를 당하기도 했지. 또 늙고 병들면 왕족 외에는 궁에서 죽을 수 없다는 궁궐법도 때문에 요금문이라는 쪽문으로 나가 사가에서 돌보는 이 없이 생을 마쳐야 했어. 뿐만 아니라 출궁을 한다 하여도 나라에서 허락을 하지 않으면 혼인도 할 수가 없었단다. 조선왕조실록에는 그녀들의 힘든 삶의 여정과 쓸쓸한 죽음에 대한 기사가 심심치 않게 보이고 있어.

조선의 궁녀는 조선 왕조의 흥망성쇠를 지켜본 역사의 그림자요, 증인이야. 비록 역사의 전면에서는 그녀들의 자취를 찾아볼 수 없으나 조선의 지성과 교양을 갖춘 여성 전문인으로 평가할 수 있지. 노비와 같이 속박 받는 삶을 살아야 했던 그녀들의 삶도 조선 역사의 한 면이었다는 것을 잊지 말아야 해.

[실록 속 신분이 다른 사랑]
신분을 초월한 사랑의 결과

현대 여성들은 연상 연하를 따지지 않을 뿐 아니라 사랑을 하면 사회적 제약 없이 결혼을 할 수 있어. 부모의 반대 때문에 비극적으로 끝을 맺는 사랑도 있지만 비교적 자유롭게 본인의 의사에 따라 자신의 결혼을 결정할 수 있지. 현대 사회는 평등 사회이기 때문에 결혼 상대자의 직업이 사회적으로 천한 대우를 받는 직업이라 하더라도 본인들이 원한다면 얼마든지 결혼을 할 수 있어.

조선 시대는 어떠했을까? 엄격한 신분제 사회였기 때문에 신분이 다른 사람들 간에 사랑하거나 결혼을 하면 국가에서 엄한 처벌을 받았단다. 조선왕조실록에는 노비가 사대부집 여성을 취했을 때 받았던 처벌과 관련한 구체적 사례들이 시대별로 자세히 기록되어 있어. 지금부터 신분제 사회인 조선에서 신분이 다른 사람들 사이의 사랑과 결혼이 어떠한 비극적 종말을 맞이했는지 알아보도록 하자.

이러한 사례로 조선왕조실록에는 유명한 대학자이며 명문장가로 대제학에 올랐던 변계량의 누이에 대한 내용이 기록되어 있어. 변씨는 박충언과 결혼하였는데 박충언이 죽은 후 남편의 집 종 2명과 정을 통했어. 그런데 이 사실을 숨기고 다시 박원길에게 재가하였다가 박원길이 이 사실을 알게 되자 박원길이 반역을 꾀한 것처럼 일을 꾸민 거야. 박원길이 국문을 당하는 사이 변씨는 도망을 갔지만 곧 붙잡혔지. 붙잡힌 후에 남편과 의안공이 역적 모의를 한 것으로 거짓 고백하였고 결국 박원길은 곤장독이 퍼져 죽음에 이르렀어. 하지만 결국 그녀와 정을 통했던 종인 포대의 자백으로 진실이 드러났지. 변씨 부인은 어떻게 되었을까? 기록을 살펴보자.

포대가 말하기를,

"우리 형제가 주인 마님을 사통하였는데, 박원길이 그 일을 알게 되었으므로, 거짓말을 꾸며 사지에 빠뜨리고자 한 것이요, 실상은 이런 일이 없습니다."

하였다. 이에 이양몽 등은 모두 석방하고, 변씨와 포대는 처참(짖겨 죽임을 당하는 것)하였다.

- 정종 2권, 1년 8월 19일 5번째 기사 1399년

이 기사를 통하여 조선 초만 해도 비교적 자유롭게 사대부 가문의 여성들도 재가를 했던 것을 확인할 수 있어. 이 기사 뿐 아니라 세종 초에 이르기까지 과부가 된 여성들이 정절이나 수절보다는 가족들의 권유나 본인의 의사로 재가를 가는 일이 더 많았다는 기사가 여기 저기 실려 있어. 또 사대부 여성들도 자유 연애를 하고 싶은 마음이 강했다는 것을 알 수 있지. 그러나 이에 대한 결과는 여성에 대한 강한 처벌이었어. 반면 정을 통한 사람이 사대부집 여성이 아니고 남자인 사대부일 경우에는 전혀 처벌이 달랐어. 문종 때 사대부인 허안석은 부인의 종인 충개와 정을 통하는 사이였어. 게다가 충개는 버젓이 같은 종인 김승재와 혼인한 사이였어. 허안석이 죽은 후 충개의 아들인 허모지리가 자신이 김승재의 아들이 아니라 허안석의 아들이라고 주장하여 이것에 대한 의금부의 판결이 있었지. 결론은 허모지리가 허안석의 재산과 노비를 노리는 것이라고 하여 허안석의 자식으로 인정하지 않기로 했지만 이 송사에서 죽음에 이른 사람은 아무도 없었어. 즉, 사대부 집 여성이 남자 종과 정을 통하면 그것은 범죄 행위로 취급되었고 사대부가 여종과 정을 통하면 첩이거니 했다는 것이지.

이번에는 사대부집 여성이 남종과 정을 통하여 아이를 낳은 경우를 살펴볼게.

...광주에 사는 노비 원만이 주인집 처녀 고음덕과 정을 통하여 자식을 낳고는, 그들을 거느리고 도망하여 순천까지 갔다가 목매어 자살했습니다.

고음덕은 참형에 해당합니다."

하니, 그대로 따르고, 이어서 명하기를,

"간통해서 낳은 아기는 거두어, 굶주리거나 추위에 얼어 죽지 않게 하라."

하였다.

- 세종 46권, 11년 11월 4일 6번째 기사 1429년

이 기사의 내용은 한편의 순애보 소설을 읽는 듯하지. 노비와 사랑에 빠진 주인의 딸이 노비를 따라 멀리 도망쳐 아기를 낳고 살았는데 신분이 다른 아내에게 생활이 어려워 잘 해줄 수 없는데다가 관가의 수색까지 시작되자 자살을 했다는 내용이야. 게다가 아기를 낳은 여성은 아기를 두고 목이 잘리는 참형을 당해야 했어. 이 기사를 통해 조선 사회에서 신분이 다른 사랑을 할 경우 여성의 경우에는 참형을 당한다는 사실을 알 수 있지.

그러나 같은 경우라도 아버지가 왕의 형제나 숙부 등의 종친과 관련됐을 경우에는 또 다른 내용으로 처리했단다. 태종의 장자인 양녕대군이 첩과의 사이에 낳은 딸이 남편이 죽은 후 남편의 종인 천례와 정을 통하여 아기까지 낳았어. 아기를 받아 주고 숨겨주는 등 관련된 사람만 40명이었지. 여기에 대한 처벌은 어떻게 되었을까?

...천례는 승복하지 않고서 죽고, 해산을 도운 종의 처인 양녀 검음이 출산 때 한 일들에 대해 자백을 하였는데, 사건에 관계된 자 40여 인이 감옥에

갇혔다. 이에 이르러 김체신이 일을 아뢰니, 김체신에게 명하여 사람을 분간하여서 놓아주게 하였다.

- 성종 221권, 19년 10월 4일 4번째 기사 1488년

결국 당사자가 여성이고 노비와 정을 통했지만 아버지가 종친이었기 때문에 이 일은 유야무야 마무리되었지.

이번에는 노비 등의 천민이 양녀를 아내로 맞이한 경우의 비극적인 결과를 알아볼게.

조선 시대에는 아버지가 노비면 태어나는 아이도 노비가 되었어. 그러다 보니 날이 갈수록 양인보다는 노비가 늘어났지. 이것을 막기 위해 태종 때 비극적인 법규가 시행돼. 천민과 혼인한 양인을 강제로 이혼시키고 천민은 양인 여성과 법적으로 결혼하지 못하게 한 거야. 다음이 그 기사야.

"...천민은 날로 늘고 양인은 날로 줄어서 나라 역사에 이바지할 자가 크게 감소되오니, 원컨대 이제부터는 천민이 양인과 서로 통하지 못하게 하고, 양녀로서 이미 천민의 아버가 된 자는 또한 이혼하게 하고, 혹 영을 어기는 자가 있게 되면, 그 죄를 종의 주인에게까지 미치게 하소서."
하니, 윤허하였다.

- 태종 2권, 1년 7월 27일 2번째 기사 1401년

사랑하는 사이인데도 국가에 의해 강제로 헤어져야했던 수많은 신분이 다른 부부 혹은 연인들의 울음소리가 들리는 듯 하지 않니?

다른 경우를 알아볼까? 노비와 같은 천민의 여성이 사대부집의 후처로 들어갔다가 노비와 정을 통하게 된 경우는 어떻게 될까?

세종 때 판중추원사 오승이 80세가 넘어 기생 금강아를 아내로 맞이하여 집안의 경제권을 모두 넘겨주었는데 금강아는 남편 몰래 노비와 정을 통했어. 이를 알게 된 오승은 그 노비의 발바닥을 지지고 때려서 잔인하게 죽여 버렸지. 이 사건에 대하여 사헌부에서 내린 처벌은 기생 금강아는 장 80대를 때린 후 관비로 만든 것이었어. 그렇다면 오승에게는 어떤 처벌이 내려졌을까?

...(사헌부가)"승이 비록 나이 늙었으나 본래 간통하는 곳에서 잡은 것이 아닌데, 그 종을 때려 죽였으니 잔인 막심하여 대신의 아량에 어그러짐이 있으니, 청하건대, 죄를 주소서."
하니, 경기 죽산현에 안치(安置)하기를 명하였다.
- 세종 102권, 25년(1443 계해 / 명 정통(正統) 8년) 11월 4일(을묘) 2번째 기사

이 기사에서 역시 나이가 많다고는 하나 노비를 잔인하게 죽인 대신에게는 유배 보내는 비교적 가벼운 벌을 주었음을 확인할 수 있어.

또다른 사례가 있어. 노비 금산과 정을 통한 사대부집 여성 허씨는 남편에

게 탄로가 나자 사랑한 것이 아니라 노비가 만약 잠자리를 하지 않으면 집에 불을 지르겠다고 협박하여 정을 통하게 되었다고 고백했어. 이에 남편은 허씨에게 이혼하자는 문서를 주었지. 그러자 장인이 이혼이 성사된 것으로 생각하여 허씨를 개가시키고 새 사위를 맞이했어. 이 소식을 들은 허씨의 전 시어머니는 결혼이 무효라며 고발장을 접수시켰어. 이 사건에 대해 조정에서는 여러 논의가 있었지.

> "손씨가 종과 정을 통한 것은 풍속에 관계가 있으니, 마땅히 끝까지 추적하여 죄를 물어야 합니다. 그러나 규중의 문안에서 어두운 밤에 있었던 일은 다른 사람이 알기 어려운 것입니다. 또 율(律, 대명률)에 이르기를, '간통하는 현장에서 잡은 것이 아니면 논죄하지 않는다.' 하였으니, 버려두는 것이 적당하겠습니다..."
>
> - 성종 163권, 15년(1484 갑진 / 명 성화(成化) 20년) 2월 16일(계유) 3번째 기사

결국 이 사건은 정을 통한 것이 불분명하다는 이유로 벌을 주지 않고 일단락되었어. 이것으로 보건대, 노비와 사대부 여성이 서로 좋아서 사랑한 것이 아니고 실제 정을 나누었는지 나누지 않았는지 의심될 때는 처벌을 피할 수 있었다는 사실을 알 수 있어. 더불어서 현장에서 붙잡히지 않는다면 목숨은 부지할 수 있었다는 사실도 추정해 볼 수 있지.

조선의 여성은 사회적 활동이 금지되고 자유 연애는 할 수 없도록 되어 있었어. 그러나 그 속에서도 일탈을 꿈꾸는 여성들이 있어 적극적인 행동에 나섰다는 사실을 여러 실록 기사를 통하여 짐작해 볼 수 있단다. 용감하게 신분이 다른 사랑을 하다가 목숨을 잃은 조선의 여성들에 대한 이야기는 애처롭기도 하고 손에 땀을 쥘 정도로 흥미로워 마치 한 편의 드라마를 보는 것 같지. 시대는 달라도 남녀 간의 사랑은 인간이 가진 가장 극적인 감정이라는 걸 알 수 있어.

알아 두면 더 좋은 이야기 기생 황진이의 서화담을 향한 사랑 이야기

조선이 세워진 후 고려의 수도 개성은 지난 왕조의 쓸쓸한 도읍지가 되었지만 이후에도 고려를 상징하는 수도라 하여 송도라고 불리었단다. 그런데 그 송도에 유명한 것이 세 가지 있었어. 20m 높이에서 줄기차게 내려오는 박연폭포, 개성을 대표하는 성리학자인 화담 서경덕 선생, 그리고 개성 출신으로 조선에서 가장 유명한 기생 황진이, 이 셋을 일컬어 '송도 3절(松都三絶)'이라고 했지.

전해 내려오는 이야기에 의하면 양반과 기생 사이에서 태어난 황진이는 너무 아름다워 동네 총각이 황진이를 사모하다가 상사병에 걸려서 죽게 되었다고 해. 그런데 총각의 관이 황진이 집 앞에서 움직이지 않자 황진이에게 부탁하여 황진이 치마를 관에 덮어주니 비로소 관이 움직였다. 생사람을 죽게 했다고 생각한 황진이는 어머니를 따라 기생이 되었어. 그녀는 창이면 창, 춤이면 춤, 거문고는 물론 한시에 능하고 아름답기가 선녀 같아서 조선 팔도 뭇 남성들의 마음을 단번에 훔쳐 갔지. 그녀가 한번 마음먹으면 그 누구도 그녀를 거절하지 못했어. 홍문관 대제학 소세양은 물론 뭇 사람들과 담을 쌓고 10년 동안 벽만 바라보고 참선을 수행하던 지족선사도 무너트렸지. 한번은 종친인 벽계수가 큰소리를 치며 자신은 어떤 일이 있어도 황진이 같은 여자에게 흔들리는 일은 없다고 자신 있게 말하고 다녔어. 황진이는 이 말을 듣고 작심을 하고 이 사람을 유혹했지. 결과는 어떻게 되었까? 벽계수도 황진이의 아름다움에 무릎을 꿇고 넋을 잃었단다. 이 때 황진이가 지은 시가 지금까지 전해지지.

청산리 벽계수야 쉬이감을 자랑마라.

(청산리 벽계수야 쉽게 흘러감을 자랑마라)

일도창해하면 다시 오기 어려우니라

(한번 푸른 바다에 가면 다시 오기 어려우니라)

명월이 만공산할 제 쉬어감이 어떠하리.

(밝은 달빛 빈 산에 가득하니 쉬어가면 어떤가)

이후 황진이는 절개 깊기로 소문난 화담 서경덕 선생을 유혹하기로 했어. 화담 선생은 평생 관직에 나아가지 않고 자연을 벗 삼으며 학문연구와 교육에만 힘썼던 분이야. 그는 송악산 산자락에 초막을 짓고 학문 연구에 힘을 기울이면서 전국에서 제자들이 배우기를 청해오면 받아들여 교육에 힘썼지. 황진이도 제자 되기를 청하여 그 옆에서 학문을 배우며 그의 마음을 가지려고 노력했지만 번번이 실패했어. 화담 선생이 그토록 아름다운 황진이에게 사랑을 담은 눈길 한번 주지 않았기 때문이야. 반면 서화담 선생은 황진이의 학문은 높이 평가해 주었어. 황진이는 평생을 화담 선생을 사모하는 마음을 가슴에 담아두며 비록 기생이지만 정성껏 스승으로 높이 받들었지. 그래서 후세 사람들이 두 사람을 어떤 비바람에도 흔들리지 않고 줄기차게 물줄기를 내뿜는 박연 폭포와 함께 '송도 3절'로 부르게 된 것이란다.

[실록 속 종교]
종교로 보는 조선 사회사

       조선의 대표적인 종교는 유교야. 하지만 고려의 국교였던 불교와 삼국 시대부터 뿌리 깊게 전해 내려오고 있는 도교도 사회 곳곳에 자리 잡고 있었어. 특히 민간뿐만 아니라 왕실 깊숙한 곳에서도 무속 신앙을 믿어 무당이 수시로 궁궐을 출입하기도 했지. 조선 후기에는 사회 경제적으로 어려워지고 국가 기강이 문란해지면서 더욱 민간 신앙이 퍼져나갔어. 이씨가 아니라 정씨가 왕이 된다는 내용이 적혀 있는 정감록이 유행을 하고 천지가 새롭게 변하여 새 세상을 기다린다는 후천개벽 사상이 유행하기도 했지. 특히 19세기 세도정치 시기에는 탐관오리에 의한 삼정의 문란이 극심해지면서 인간 평등 사상을 주장하는 천주교와 동학이 농촌사회와 서민층에 무서운 속도로 파고들었어. 그래서 이번엔 조선왕조실록이 기록한 조선의 종교와 사회상을 살펴보려고 해. 지면 관계상 큰 줄기인 유교, 불교, 무속신앙에 대해서만 살펴보도록 할게.

종묘 정전

드라마를 보면 큰 일이 닥칠 때마다 "종묘 사직을 어찌할고…"라는 말이 나와. 이런 말을 한번쯤 들어본 적 있지? 그만큼 종묘는 유교 사회인 조선에서 국가의 근본이자 기강이라고 생각하여 목숨같이 소중히 받들어졌단다. 전쟁이 나면 무엇보다도 먼저 종묘의 역대 왕들의 위패와 영정을 가장 안전한 곳으로 모셨지. 그런데 모셔야 할 임금의 영정과 위패가 한 둘이 아니잖아? 그러다 보니 한숨이 절로 나와 위와 같은 말이 생긴 거야.

사직이란 토지의 신인 사(社)와 곡식의 신인 직(稷)을 의미하는 것으로 사직단은 국가의 가장 큰 제사가 이루어지는 곳이야. 새해가 되면 일반 가정에서 조상님께 차례를 지내듯이 왕실에서는 국왕이 익선관을 쓰고 곤룡포를 입은 차림으로 종묘를 찾아 신위에 참배를 드렸어. 유네스코가 지정한 세계문화유산이 된 종묘제례악은 종묘에서 국왕이 제사를 지낼 때 연주하는 궁중 음악

사직단 대문

이란다. 그럼 새해 첫날 왕실에서 행한 일을 실록에서 찾아볼까? 숙종의 60세 생일이 되는 새해 첫날에 했던 일이야.

임금의 연세가 꼭 육순이 되었다 하여 종묘에 고한 뒤 왕세자가 백관을 거느리고 진하(陳賀, 진상을 올리며 축하하는 것)하고, 팔방에 교지를 반포하였다.

"…새해가 새로 시작됨에 미쳐서 꼭 60세가 되었도다. 이에 정월이 돌아옴을 맞아 만백성의 축복이 더욱 간절하도다. …백관들을 조정에 모아서 단지 하례를 받는 전례만을 허락하고, 종묘에 제사를 올려서 이에 고사(告事, 알리는 일)의 의식을 거행하노라…"

- 숙종실록 65권, 숙종 46년 1월 8일 1번째 기사 1720년

한편 세종은 유교적인 생활을 백성들에게 널리 전파하기 위해 『삼강행실

도』를 저술하게 했어. 백성들 대부분이 글을 모르기 때문에 글을 모르는 사람이라도 그림을 통해 유교가 강조하는 삼강오륜의 생활을 실천해 나갈 수 있도록 했지.

사실 세종 전까지만 하더라도 불교가 생활 곳곳에 자리 잡고 있었어. 그런데 세종이 전국의 사찰을 정리하여 큰 본산이 되는 절 36개만 남기고 없애도록 했고 그나마 그 절들도 깊은 산속으로 이동하도록 했어. 우리는 보통 절을 찾아가려면 산속으로 가야 하는 것으로 생각하는데, 고려 시대만 해도 도시의 가장 크고 아름다운 건축물이 바로 절이었단다. 또한 주자가 정한 가정의례준칙인 주자가례에 의해 관혼상제 예식을 치르도록 권장했지. 다음은 세종 때 대비가 돌아가셨는데 모든 예식을 주자가례에 따랐다고 하는 실록의 기사야.

처음 훙(薨, 돌아감)함으로부터 습염과 빈(殯)에 이르기까지 《주자가례》를 써서, 백관은...주상전께 위로하고, 또 반을 옮겨 상왕전에 위로하였다.

- 세종실록 8권, 세종 2년 7월 10일 2번째 기사 1420년

이러한 유교적 예속 생활은 조선 중기 이래 지방마다 자리 잡은 서원과 향약에 의해 강조되었어. 그 과정에서 여성들에게 삼종지도와 칠거지악을 준수하도록 강요했고 규방에 들어앉아 현모양처의 길을 걸어가도록 했단다.

한편 불교는 국초부터 숭유억불 정책의 영향으로 국가에 의해 억압을 당했어. 하지만 공식적으로는 유교적 예속 생활을 강조하면서 내면적으로는 독실

한 불교 신자인 이중적 삶을 이어가는 국왕들도 있었어. 태조 이성계의 스승이 왕사인 무학대사라는 것은 널리 알려져 있지. 태조는 제1차 왕자의 난에서 유일하게 살아남은 신덕왕후 강씨의 소생인 경순공주를 손수 여승으로 만들기도 했어.

왕실에서 승려가 나온 사례는 태종 때까지 이어져서 그의 둘째 아들인 효령대군은 형인 양녕대군이 세자 자리에서 쫓겨난 후 세자가 될 수도 있었는데도 불가에 몸을 맡기며 출가를 했지. 뿐만 아니라 세종과 세조도 독실한 불교 신자였단다. 세종은 소헌왕후가 눈을 감은 후 수양대군으로 하여금 훈민정음으로 석가모니의 일대기인 『석보상절』을 저술하게 하고 자신 역시 훈민정음으로 『월인천강지곡』을 지었을 뿐 아니라 아예 궁궐 안에 내불당을 만들어 사대부와 유생의 지탄을 받기도 했지. 다음이 그 기록이야.

> 우참찬 정갑손과 예조 판서 허후가 정부와 육조의 뜻으로 와서 아뢰기를, "근일에 불당의 일로...신 등이 반복하여 생각하니, 전하께서는 이 일을 작은 것으로 생각하시지만 신 등은 작은 일로 생각지 않습니다. 청하건대, 전하께서는 다시 살펴 생각하소서."
>
> - 세종실록 121권, 세종 30년 7월 21일 1번째 기사 1448년

한편 세조는 단종 복위 운동과 관련한 수많은 사람들을 죽음에 몰아넣으면서 야사에 의하면 꿈에서 죽은 형수, 즉 문종의 왕비이며 단종의 어머니인

현덕왕후를 만났는데 그녀가 세조를 향해 침을 뱉었다고 해. 그 다음부터 온 몸이 문드러지는 피부병이 생겨서 엄청난 고생을 했지. 그는 속죄하는 마음 으로 전국의 사찰을 친히 찾아다녔을 뿐 아니라, 한양 한복판에 있는 흥복사 를 대대적으로 보수하여 원각사 하고 조선을 대표하는 석탑인 원각사지 10층 석탑을 세웠어. 그러나 그가 세운 원각사는 그의 손자인 연산군에 의해 갖은 수모를 당하게 되지. 연산군은 원각사에 기생 양성소인 장악원을 만들 었거든.

조선에는 영국의 엘리자베스 1세나 중국의 측천무후와 같은 막강한 권력 을 휘두른 여성들이 여럿 있어. 앞에서도 이야기했지만 다시 한번 정리해볼 까? 조선 최초의 수렴청정을 한 대비로 7년 동안 권력을 휘두른 세조의 왕비 인 정희왕후나 어린 명종 대신에 8년 동안이나 권력을 휘두른 문정왕후, 영조 가 66세 때 15세의 나이로 계비가 된 후 정조 승하 후에 어린 순조 대신에 5년 간 수렴청정을 한 정순왕후, 그리고 시아버지와 권력 다툼을 벌였던 고종 황 제의 비로 죽음 이후에 황후로 추증된 명성황후가 그녀들이지. 그 중에서 문 정왕후는 아예 보우대사라는 국사를 옆에 두고 도첩제를 실시하여 출가하는 승려들에게 허가증까지 발부해 국가가 승려의 신분을 인증해 주었지.

하지만 불교의 융성은 한 때 뿐이었어. 유교를 생명같이 신봉하는 사대부 들이 국가가 불교로 다스려지는 것을 그냥 둘 리가 만무했지. 문정왕후가 눈 을 감은 후 불교는 다시 산중불교의 모습으로 돌아갔어. 그러나 나라의 핍박 을 받았던 승려들이 1592년 임진왜란 때문에 국가가 풍전등화에 놓이게 되자 의병을 일으켜 나라의 위기를 몸으로 막아내지. 대표적인 승병장이 묘향산에서 의병을 일으킨 휴정, 서산 대사와 그의 제자로 금강산에서 의병을 일으킨 유정, 사명당 대사, 그리고 금산사에서 목숨 바쳐 죽는 그 순간까지 왜병들과 싸웠던 영규 대사가 있어. 사명당 대사는 전쟁 동안에도 4차례나 일본을 왕래하며 강화조약을 성사시키기 위해 노력했을 뿐 아니라 전쟁 후에는 왕의 명으로 일본에 건너가 도쿠가와 이에야스를 면담하고 3000여 명의 포로를 귀환시켰어. 일본 사람들이 사명당 대사를 어떻게 생각하는지와 관련한 실록의 기사를 읽어볼까?

비변사가 아뢰기를,

"유정이 왕년에 여러 차례 가등청정(加藤淸正)의 진 속에 드나들어 청정과 문답할 때에 큰 소리를 치며 굴하지 않았는데, 청정이 이를 매우 좋게 여겨 매양 유정의 사람됨을 일본인에게 칭찬했기 때문에, 일본에서 탈출해 온 사람들이 많이 말하기를 '왜인들이 송운(松雲, 사명당 대사를 말함)의 이름을 전해가며 칭찬하였다.'고 하는 것입니다. ...이번에 유정이 바다를 건너가면 당연히 고승으로 지목되어 왜인들이 존경하게 될 것입니다..."

- 선조실록 172권, 선조 37년 3월 14일 2번째 기사 1604년

KBS 드라마로 시청률이 높아 국민 드라마로 불렸던 <해를 품은 달>을 보면 무당이 궁궐을 수시로 드나드는 것이 나오지. 조선 시대에 무속 신앙은 지

배층과 피지배층을 가리지 않고 사람들의 마음을 사로잡은 절대적인 신앙이

었어. 샤머니즘으로 불리는 무속 신앙의 뿌리는 이미 신석기 시대부터 인간

사회에 깊은 영향을 끼치고 있지. 특히 구중 궁궐에서 세상과 단절된 채 오직

왕 만을 바라보고 사는 왕비나 후궁, 나아가 대왕대비와 궁궐 나인들은 마치

중독된 것 같이 무녀라 불리는 무당을 수시로 궁궐로 불러 들였단다. 무당은

인간의 길흉화복을 점을 통해 알아내고 풀이나 굿을 통해 신과 인간을 중개하

는 사람이야. 무당을 통해 살아있는 사람들은 죽은 사람의 영혼을 불러내어

만날 수 있고 죽은 사람의 한 맺힌 이야기를 전달받는가 하면, 산 사람의 죽은

사람에 대한 애틋한 그리움이 전달되기도 했지. 무녀들의 방법은 비록 미신

적이고 비정상적이기는 하나 수많은 조선의 여성들이 무녀를 통하여 마음의

위로를 얻었고 또 신기할 정도로 어려웠던 일이 풀리기도 했어. 반면 무녀들

이 내놓은 무리수를 그대로 생각 없이 따랐다가 사악한 결과를 낳게 되어 죽

음에 이르는 경우도 있었지.

　　흥미로운 것은 유교지상주의 국가였던 조선이 비를 내리게 해 달라고 무당

들을 모아 국가차원에서 빌게 했다는 거야.

삼각산과 목멱산에 무당을 보내어 비를 빌었다.

- 세종 36권, 9년 6월 11일 1번째 기사 1427년

191

비를 빌 때는 동자승을 모아 놓고 빌기도 하고 도룡농을 방생하며 빌기도 했을 뿐 아니라 명산 대천의 신들에게도 비를 빌었어. 이것은 국가 차원에서 백성들이 믿는 토속 신앙을 존중했고 유교, 불교 등의 외래 종교 속에서도 고유의 토속신앙과 무속 신앙이 명맥을 유지하고 있었음을 보여 주는 것이란다.

지금도 비슷한 사건들이 심심치 않게 언론에 보도되듯이 조선 시대에도 무녀들이 사람을 현혹시켜서 재물을 바치도록 하는 일들이 빈번했어. 중종 때 실록의 기사에서 이러한 무녀들로 골치를 앓았음을 싣고 있어.

광해군 때 인목대비의 아버지인 김제남 등을 역적으로 몰아 멸문의 화를 입게 했는데, 이때 김제남 일가가 무녀를 동원하여 저주를 했다고 하여 관련된 궁녀들과 함께 국문을 당하면서 피바람이 불어 닥치기도 했어. 정치적 사건에 무녀가 개입된 경우야.

형조와 좌우 포도청이 아뢰기를,

"... 지금 무녀 막개의 공초에 '임금에 대한 저주는 무녀 애개가 한 짓이다.' 하였습니다. 그리하여 애개를 추국하자 단서가 드러났으니, 이는 바로 반역에 관계되는 사건입니다..."

- 광해 135권, 10년 12월 16일 2번째 기사 1618년

숙종 때는 인현왕후를 저주하여 죽음에 이르는 일에 무녀가 깊이 관여한단다. 다음이 그 사실을 기록한 실록 기사야.

..."지난해 4월에 장희재(희빈 장씨의 오빠)의 첩과 새 무녀【오례를 가리킨다.】와 차씨 성의 궁인이 가마를 타고 와서 신사(神祀, 신에게 제사 지내는 일)를 같이 행하였는데, 축원한 내용은 민 중전이 승하하고 희빈이 다시 중전으로 되며 사도가 석방되어 돌아오는 것이었습니다...지난해 11월 신사 때에는 무녀가 갓을 쓰고 붉은 옷을 입은 채 활과 화살을 가지고 춤추고 또 활을 쏘면서 '내가 마땅히 민 중전을 죽이리라. 민 중전이 죽는다면, 어찌 좋지 않으랴? 어찌 좋지 않으랴?'라고 하였습니다..."

- 숙종 35권, 27년 9월 28일 2번째 기사 1701년

무녀의 기도와 저주 때문인지 인현왕후가 병이 들어 시름시름 앓다가 죽게 되자 저주한 사실을 숙종이 알게 되어 결국 무녀와 희빈 장씨 등은 파국을 맞이하게 돼. 무녀가 조선 시대 역사의 전면에 등장한 가장 대표적인 사건이었지.

무녀를 가장 많이 찾은 사람은 궁궐의 내명부 여성들이었어. 무녀들은 질투에 눈이 먼 희빈 장씨 등을 현혹시켜 저주의 중심에 섰고 결과적으로는 희빈 장씨를 죽음에 이르게 했지.

조선왕조실록에서는 조선 시대에 행해진 남을 해치고 저주하기 위한 방법들을 궁녀와 무녀의 공초 등을 통해 밝히고 있어. 과연 어떤 방법이었을까? 입이 다물어지지 않을 정도로 잔인했던 저주 백태를 실록에서 알아보자.

먼저 소현세자의 빈 강씨가 세자인 봉림대군을 저주한 사건에 대한 공초에는 사람의 뼛가루를 구하여 궁궐 도처에 묻는 내용이 나오고 있어.

> "역적 강이 저를 시켜 가음금에게 사람의 뼈를 구해 들여오라고 하여 가음금이 두개골·팔뼈·다리뼈를 가지고 와서 들여보냈고, 뒤에 또 뼈를 부수어 광주리에 담아 들이기를 네 차례나 했습니다. ... ""하루는 순개가 사람 뼈를 가지고 왔기에 제가 무슨 물건이냐고 물었더니 어린 아이의 뼈라고 대답했습니다. ...가루로 만들기는 종례가 했습니다. 또 발가락이 있는 어린아이의 발은 순개가 구해 왔는데, 이것들을 들여보냈더니 역적 강이 답서를 보내 '보낸 것을 잘 받았다.'고 했습니다..."
>
> - 인조 실록 48권, 25년 4월 25일 1번째 기사 1647년

이번에는 희빈 장씨가 궁녀들을 시켜 인현왕후를 저주한 내용을 볼까?

> "...저와 설향과 같이 초저녁에 통명전 서쪽가와 연못가의 두 곳에 묻었는데, 묻은 물건은 각씨와 붕어였습니다. 또 통명전 뒷 계단 아래에다 한줄로 두 곳에 쌍으로 묻었는데, 묻은 물건은 금단으로 쌌으며, 또한 붕어·새·쥐 따위였습니다..."
>
> - 숙종 실록 35권, 숙종 27년 10월 2일 을묘 5번째 기사 1701년

이러한 내용들을 통해 조선 시대 궁궐의 비빈들과 내외명부 여성들이 미신에 현혹되는 일이 상당수 있었음을 알 수 있어. 왕의 사랑을 잃거나 권력 밖으로 밀려나게 되었을 때 지푸라기라도 잡고 싶은 심정으로 행한 것이 아니었을까?

[실록 속 시]
조선의 삶이 담긴 문학

조선왕조실록에는 조선 500여 년의 역사 속 인물들이 파란만장한 삶을 마치고 죽어갈 때 읊었던 시나 유배지에서 남긴 시, 백성들 사이에서 유행한 시대 비판 민요, 또는 동요들을 기록하고 있어. 과거를 정적인 모습이 아닌 생동감 넘치는 역동적인 시대로 느끼게 해 주지. 이러한 시나 민초들이 불렀다는 노래들을 읽어 보면 시간과 공간을 초월한 조선 사람들의 숨결이 느껴지고 당시의 시대적 상황을 잘 이해할 수 있단다. 실록이 소개하는 시의 미학을 통해 조선사를 문학적으로 느껴 볼까?

먼저 태조 실록의 총서에는 고려 말의 대표적인 학자이자 문장가들이었던 '3은' 중 한 사람인 목은 이색이 태조의 황산대첩에 감격하여 그를 위해 지었다는 시가 실려 있어.

적의 용장 죽이기를 썩은 나무 꺾듯이 하니,

삼한의 좋은 기상이 공에게 맡겨졌네.

충성은 백일처럼 빛나매 하늘에 안개가 걷히고,

위엄은 청구에 떨치매 바다에 바람이 없도다.

출목연의 잔치에서는 무열(武烈)을 노래하고,

능연각의 집에서는 영웅을 그리도다.

병든 몸 교외 영접 참가하지 못하고,

신사를 지어 읊어 큰 공을 기리네.

- 태조실록 1권, 총서 6번째 기사

태조가 황산대첩에서 이기고 돌아왔다는 소식은 들었지만 병이 나서 직접 환영하는 대열에 참여 못한 이색이 그를 위해 시를 지었다는 내용이지. 이색은 이 시에 이어 또다시 그를 칭송하는 시를 지었어.

송헌의 담기(膽氣)가 무신을 뒤덮으니,

만리장성이 한몸에 맡겨졌네.

분주하면서 몇 번이나 다사한 시기를 지냈던고

돌아오면 함께 태평한 날을 즐길 것이네...

- 태조실록 1권, 총서 8번째 기사

여기에서 송헌은 태조의 호를 말하지. 이때 이성계는 동북면을 지키던 도지휘사였는데 이색은 그가 돌아오면 함께 태평한 날을 즐기리라고 하면서 그를 전송하고 있단다.

한편 정도전은 유배에서 풀려나 동북면을 지키고 있는 이성계를 찾아갔는데 질서가 제대로 잡힌 군대의 모습을 보고 깊은 인상을 받았어. 이때부터 정도전은 이성계와 손잡고 부패한 고려 대신에 새로운 국가를 세울 야망을 가지게 돼. 실록에 의하면 진영을 떠나면서 군영 앞에 서있는 늙은 소나무의 껍질을 벗기고 거기에 웅변하는 듯한 시를 남겼다고 해.

아득한 세월 한 주의 소나무, 몇만 겹의 청산에서 생장하였네.
다른 해에 서로 볼 수 있을런지, 인간은 살다 보면 문득 지난 일이네.

- 태조실록 14권, 태조 7년 8월 26일 기사 2번째 기사 1398년

조선왕조실록에는 이렇게 역사적인 인물들이 시대적 상황에 따라 지은 수많은 시들이 기록되어 있어. 이와 함께 우리나라 역사상 최초의 국문학 작품인 『용비어천가』의 시 내용도 잘 기록되어 있단다. 태조 이성계가 위화도에서 군대를 돌린 것을 나타낸 내용을 읽어볼까?

『용비어천가』 권8의 권수

아아, 고려가 혼탁하여 정치가 엉망일세.

난리가 언제 진정될꼬. 불빛과 연기빛이로다.

그 누가 하늘을 받들어서 우리의 창생을 구제할꼬.

아름답도다, 거룩하신 태조께서 왕래하심이 힘차시도다.

천진한 나어린 이들이 좋은 말을 퍼뜨리어,

노래하고 읊조리어 천심을 나타내도다

용비어천가 '신계(神啓)'는 제4변 1편(篇)

- 세종실록 116권, 세종 29년 6월 4일 1번째 기사 1447년

그런데 이 내용은 조선 왕조의 창업을 노래하였기 때문에 이방원이 정도전을 죽인 것을 찬미하고 있기도 하지. 때문에 실록을 읽을 때 내용을 쓰인 그대로 받아들이면 안 된다는 것을 알아두어야 해. 객관적인 사실 판단도 함께 이루어져야 한단다.

앞에서도 말한 바 있지만 자신이 왕위를 차지하는데 방해가 되는 사람들을 거침없이 죽인 점에서 태종과 세조는 닮았지. 세조가 얼마나 잔인한 사람인가를 잘 알 수 있는 시도 실록에 실려 있어. 그가 아직 수양대군으로 있을 때 여진족 추장에게 두건을 씌운 후 그 머리에 활을 4발 쏘고 3발을 몸에 맞힌 다음 주변 사람들이 그의 무예를 칭송하자 기분이 좋아져 이런 시를 남기기도 했지.

혁혁하게 밝은 새로운 큰 명, 복록과 상서가 하늘에서 버려왔도다.

외람되게 전대(외국 사신을 독단으로 응대하는 것)의 책임을 받들게 되니,

황공하고 두려워 말이 나오지 않네...

그 와중에 이렇게 단종에게 황공하고 두렵다고 한 그가 결국은 단종의 왕위를 빼앗으니 세조의 비정함을 느낄 수 있지.

앞에서 반정과 관련해 했던 이야기를 기억하니? 조선에서 반정으로 왕에서 물러난 사람이 두 명이 있다는 것 말이야. 한 명은 연산군이고 또 한 명은 광해군인데 실록은 이 두 사람의 유배와 관련한 시를 각각 싣고 있지. 그런데 연산군이 강화도 교동으로 유배 갈 때를 묘사한 시는 그가 지은 것이 아니라 백성들이 그를 원망하며 부른 이가(俚歌, 속요)야. 어떤 내용인지 살펴볼까?

충성이란 사모요

거동은 곧 교동일세

일 만 흥청 어디 두고

석양 하늘에 뉘를 좇아 가는고

두어라 예 또한 가시의 집이니

날 새우기엔 무방하고 또 조용하지요

하였으니, 대개 사모(紗帽)와 사모(詐謀), 거동(擧動)과 교동은 음이 서로 가깝고, 방언에 각시[婦]와 가시[荊棘]는 말이 서로 유사하기 때문에 뜻을 빌어 노래한 것이다.

- 연산군일기 63권, 연산 12년 9월 2일

이러한 속요를 부르게 된 이유는 연산군이 왕위에 있을 때 만조백관이 쓰는 사모에 충(忠) 자와 성(誠) 자를 새겨 넣게 한 것을 백성들이 빗대어 부른 거야. 연산군이 얼마나 백성을 괴롭혔는지는 앞에서 여러 차례 이야기한 적이 있지. 이번에는 마치 로마의 네로 황제와 같이 한양이 불타는 것을 바라보면서도 화재가 난 까닭을 묻지 않고 새벽까지 노래와 음악을 멈추지 않았던 연산군 일화를 알아볼까? 먼저 큰 화재가 있었던 연산군 11년에 지은 어제시를 소개해 볼게. 다만 이 어제시는 화재가 나기 전에 지은 것이란다.

조정에서 존호를 받으니 나의 황망 부끄러워

돕는 힘 풀리지 않으면 국세는 펴지리라

성대한 오늘 잔치 드문 경사너

즐거이 취하기를 달빛 볼 때까지 하여라

하였다.

잔치가 파하고 조금 있다가 양화문에 실화(失火)하여 장랑의 40칸을 연소하니, 불길이 하늘을 밝히어 밤이 낮처럼 밝았으나, 능히 구제하는 자가 이번에는 광해군이 지은 시를 감상해 보자. 반정으로 왕에서 물러나게 된 광해군은 인조 때 유난히 반란과 전쟁이 많아서 그 때마다 유배지를 이곳저곳으로 옮겨 다니게 되었어. 아래 시는 강화도에서 다시 제주도로 유배지를 옮겨 가는 배 위에서 광해군이 자신의 심사를 읊은 시로, 이 시를 들은 당대의 많은 사람들이 비감에 젖었다고 해.

그럼 나라를 위해 열과 성을 다해 충성을 바쳤는데 억울하게 누명을 쓰고 사약을 받는 심정을 시로 표현한다면 어떨까? 그 시를 지은 사람이 바로 정암 조광조야. 조광조가 마지막으로 남긴 시는 앞에 적어 놓았으니 앞쪽 페이지를 찾아서 읽어 봐. 여기에서는 조광조가 마치 살아있는 것처럼 성세창의 꿈에 나타나서 전해 주었다는 시를 적어 볼게.

'해가 져서 하늘은 먹 같고, 산이 깊어 골짜기는 구름 같구나, 군신의 의리는 천년토록 변치 않는 것, 섭섭하다 이 외로운 무덤이여!'

- 중종실록 37권, 중종 14년 12월 16일 2번째 기사 1519년

이번에는 조선왕조실록에 실려 있는 백성들의 마음을 그대로 담은 노래를 소개해 볼게. 인조반정과 이괄의 난이 지나간 다음 세상이 너무 살기 힘들어지니 백성들 사이에 이런 노래가 유행했다고 해. 실록에서는 이 노래를 '상시가'라고 불렀어. 그 내용을 읽어 보자.

아, 너희 훈신들아

스스로 뽐내지 말라

그의 집에 살면서

그의 전토를 점유하고

그의 말을 타며

여기의 훈신들은 당대 권력을 쥐고 있던 서인들을 말하지. 지금이나 그 때나 위정자들이 권력에 추종하는 모습을 무척이나 날카롭게 풍자하고 있어. 이런 비판적 내용이 거리낌 없이 실린 것이야말로 조선왕조실록의 진정한 가치를 드러내주는 것이기도 하단다. 하지만 앞서 『용비어천가』에서도 언급했지만 실록의 기록은 승자의 기록이라는 것을 잊지 말고 행간에 숨어 있는 역사적 사실도 꿰뚫어 볼 수 있도록 역사공부를 열심히 하기 바랄게.

알아 두면 더 좋은 이야기 진정한 시인, 다산 정약용의 기민시

다산 정약용은 정조의 사랑과 신뢰를 한 몸에 받았던 18세기 조선의 일대 거목이었어. 정조는 '초계문신제'라고 하여 과거에 합격한 신임관리들에게 매월 글제를 내어 시험을 치르게 했는데 정약용은 그때마다 장원을 하여 정조를 기쁘게 했단다. 그는 정조의 명으로 암행어사를 나가기도 했고 지방관으로 부임해 가기도 했는데, 그때마다 임무 수행을 성공적으로 해서 박수갈채를 받았지. 그에 대한 신임이 무척이나 깊었던 정조는 부친상을 당해 3년 상을 치르고 있는 정약용을 불러 들여 수원 화성을 축조할 묘책을 강구하게 하지. 그 과정에서 거중기가 발명되고 공사비를 기적같이 줄여서 성공적으로 수원성을 완성할 수 있었단다.

그러나 성공을 하고 잘 나가면 그만큼 시기하는 사람도 많아지기 마련이지. 정조가 세상을 떠난 후 정약용은 천주교 신자라는 이유로 무려 18년의 세월을 유배지에서 보내야 했어. 우리가 오늘날 명저라고 칭송해 마지않는 『목민심서』와 『경세유표』, 『흠흠신서』 등의 500여 권에 달하는 그의 전서 대부분이 바로 이 유배 시기에 저술된 거야. 그는 자신의 삶을 낙망하지 않고 암행어사 시절부터 유배 시절을 지나 눈을 감는 그 순간까지 자신이 본 것을 마음에서 우러나오는 대로 시를 지어 감상을 남겼어. 다음이 그 중 하나로 '굶주리는 백성'이라는 뜻의 '기민시[飢民詩]'란다.

같이 감상해 보자.

...고을 사또 어진 정사 행하고
사재 털어 구제해 준다는 말에
엉금엉금 관아문 걸어들어가
입 쳐들고 죽가마 앞으로 간다
개돼지도 버리어 마다할 것을
사람으로 엿처럼 달게 먹다니
어진 정사 행하길 원치 않았고
사재 털어 구제도 헛소리였네
관가 재물 남이 혹 볼까 숨기너
우리가 굶주리지 않을 수 있나
관가의 마구간에 살진 저 말은
진실로 우리들의 피와 살이네
슬피 울며 관아문 나서고 보너
앞길이 캄캄하다 어디로 갈꼬

- 다산시문집, 제2권, 飢民詩 중에서

[실록 속 음식 문화]
조선의 궁중 음식과 연회

세계에 한류 열풍이 불면서 한국 음식에 대한 관심도 매우 높아졌어. 의녀가 궁중 음식의 달인이 되는 소재를 다루었던 드라마 〈대장금〉은 동남아시아와 이집트, 터키에서 높은 시청률을 자랑하면서 한국 음식의 우수성을 세계에 알리는 효녀 역할을 하고 있지. 사실 이전에 이미 한국 음식의 우수성은 주목받기 시작했어. 지난 1999년에 안동 하회 마을을 방문했던 영국의 엘리자베스 2세 여왕이 도토리묵을 대접받으면서 이 도토리묵에 대한 연구가 시작됐지. 여왕의 주치의들과 과학자들이 도토리묵의 성분 분석을 한 결과가 발표되면서 관심이 높아졌어. 연구 결과, 한국 음식이 완벽한 자연식품이라는 것이 과학적으로 증명되었기 때문이야.

그렇다면 정말 조선 궁궐에는 대장금 같은 여성들이 있었을까? 있었다면 어떤 요리를 만들었을까? 지금부터 흥미로운 궁중 음식의 세계로 들어가 보도록 할게.

조선 궁궐에는 잔치를 열어 음식을 대접하는 일이 자주 있었어. 경사스러운 일이 있을 때 잔치를 열어 음식을 나누어 먹었는데 잔치를 베푸는 사람들이나 대접받는 대상은 잔치의 성격에 따라 달랐지. 대신들은 임금을 위해, 대신들의 부인은 왕비인 중궁전을 위해 잔치를 베풀어 바치기도 하고 거꾸로 임금이 신하들을 위해, 중궁전은 대신들의 부인들을 위해 잔치를 베풀기도 했어. 다음의 기사를 통해 부인들이 입궐하여 궁궐 음식을 맛볼 수 있는 기회가 자주 있었다는 것을 잘 알 수 있지.

현비전에서 개국 공신의 여러 부인에게 잔치를 베풀어 주었다.

- 태조 2권, 1년 9월 21일(기해) 4번째 기사 1392년

흥미로운 것은 임금과 중전이 출장 요리사들을 대동하고 궁궐 밖으로 나가 갖은 음식을 베풀기도 했다는 사실이야.

정축 일에 여흥 부원군 민제의 집에 거둥하여 잔치를 베풀었다…. 정비(靜妃)는 여러 택주를 거느리고 대부인 송씨에게 안에서 연향을 베풀었는데, 안팎에서 모두 성대한 음악을 연주하였다. 임금이 매우 즐거워서 일어나 춤을 추었다. 이튿날 제(여흥 부원군 민제를 말함)가 대궐에 나와 은혜에 감사하였다.

- 태종 4권, 2년(1402 임오 / 명 건문(建文) 4년) 8월 26일(정축) 1번째 기사

잔치에서 만들어낸 음식은 기쁨을 주고 이에 왕이 춤까지 추었다는 것을 알 수 있어. 실록에서 이름을 거론하지는 않지만 역사 속 여성들의 역할을 알 수 있는 대목이기도 해. 그녀들이 만든 음식이 많은 사람들에게 기쁨을 안겨준 거야. 이런 예는 실록 곳곳에 무수히 기록되어 있어. 다음은 세종 때의 기록이야.

임금이 대비의 생일이므로, 수강궁에 나아가 안팎 옷감을 드리고, 곧 내전에서 헌수하였더니, 공비와 명빈 대부인 송씨·소혜 궁주가 연회에 참석하였고, 또 성대한 예로 상왕에게 잔치를 베풀어 드리고자 하였으나, 상왕이 허락치 않고 다만 술자리를 천양정에 마련해서 잔치하게 하니, 종척·대신과 병조 당상·대언들이 잔치에 참석하고, 양녕도 또한 와서 참여하였다. 여러 신하들이 서로 춤추고, 상왕도 임금과 더불어 또한 춤추며 마음껏 즐기고 파하였다...

- 세종 4권, 1년 7월 11일 1번째 기사 1419년

이 기사를 읽으면 눈앞에 600여 년 전 궁궐의 잔치 장면이 펼쳐지는 것 같아. 음식을 먹고 흥이 나면 국왕은 물론 신하들도 덩실 덩실 춤을 췄다는 거야. 또한 조선 시대에는 임금이 대비께 바치는 생일 선물이 소박한 옷감뿐이었다는 사실도 알 수 있어.

하지만 사람들의 음식에 대한 욕심은 예나 지금이나 마찬가지였지. 나라에

서 정한 법전에서 사치스러운 음식을 금하는데도 사대부집에서는 분수에 넘친 음식들을 차려내는 바람에 이것을 금하도록 하는 기사가 실록에 실려 있단다.

...《속육전》의 공적인 연회 식탁이나 사적인 연회 식탁에는 세 줄을 넘겨 음식을 차리지 말고 유밀과(약과와 같이 꿀을 발라 만드는 과자류) 쓰는 것을 금지하며, 사대부의 혼례와 신부가 처음 시부모님을 뵙는 것도 또한 같다고 하였는데, 이제 사대부 집의 연회에 사용되는 물품이 제도에 지나쳐, 한 가지 맛을 베풀 때마다 반찬 3, 4기를 베풀고, 혹은 반찬 뚜껑까지 사용하여 분수에 넘치는 것이 심하오니, 금하지 않을 수 없습니다. 청컨대, 《속전》의 옛 제도를 따라 시행하고, 어기는 자에게는 통렬히 벌을 내리소서...

- 성종 14권, 3년 1월 22일 4번째 기사 1472년

이렇게 나라에서 사치스러운 음식을 금지한 이유는 어려운 백성들을 생각했기 때문이야. 조선에는 하루에 두 끼를 먹고 지내는 것이 다반사일 정도로 살기 어려운 백성들이 많았단다. 그렇게 사치스러운 음식을 차릴 정도로 재력이 있다면 당연히 백성들을 위해 가진 것을 나누어 주고 베풀어 주라는 의미에서 금지령을 내린 거야. 굶주리는 백성들이 허다한데 배를 두들기며 상다리가 부러질 정도로 음식을 차려내는 것은 결코 바람직한 모습이 아니었기 때문이지. 하지만 이러한 규제에도 불구하고 조선 중기에 이르러 그 도가 지나치니 예조에서는 법으로 잔치 음식을 규제하게 되었어.

결국 중종 때는 혼례 등의 잔치 음식도 사대부집의 경우에는 반찬 가지 수가 7가지를 넘지 못하게 금하였고 서민의 경우에는 형편에 따라 하되 반찬 수를 5가지로 하도록 정했어. 또 그때에는 신부가 시아버지를 뵐 때 대추와 밤이 담긴 쟁반인 조율반을 올리고 시어머니를 뵐 적에는 생강과 계피를 바른 육포를 담은 단수반을 올리는 것이 원칙이었는데, 사치를 줄이는 방안으로 조율반 대신에 계절 과일을, 단수반 대신에 말린 육포를 올리도록 권장했단다.

그런데 흥미로운 사실은 의녀로 출발하여 수라간 나인의 최고의 반열에 든 것으로 그려진 대장금과 관련한 기사는 단 한 줄도 찾아볼 수 없다는 거야. 즉, 대장금이 최고의 요리사가 되는 것은 순전히 작가의 상상이 만들어낸 픽션임을 알 수 있어.

한편 정조 때에는 어머니인 혜경궁 홍씨를 위해 잔치를 베풀어준 기사가 실록에 자세하게 실려 있는데 음식상에 아름다운 꽃 장식을 했다는 내용이 있어. 다음이 그 내용이지.

...여관이 자궁의 술그릇 탁자를 앞 기둥의 발을 드리운 안쪽에서 남쪽 가까운 곳에 설치하고, 상(정조대왕)의 술그릇 탁자를 자궁(혜경궁 홍씨)의 술그릇 탁자의 동쪽 앞에 설치하고, 명부 및 의빈·척신의 술그릇 탁자를 시립하는 근위대 남쪽에 설치하였다.
또 꽃을 바칠 때 올려놓는 탁자를 발 안의 동쪽에 설치하고, 휘건함을 올려놓은 탁자를 그 다음에 설치하고, 꽃을 흩뿌리는 소반을 올려놓은 탁자를 발 바깥의 서쪽에 설치하고, 꽃병을 올려놓은 탁자를 섬돌 위 동쪽과 서쪽에 설치하고, 치사를 올려놓은 상을 임금의 배위(拜位) 오른쪽에 설치하였다...

- 정조 42권, 19년(1795 을묘 / 청 건륭(乾隆) 60년) 윤2월 13일(을미) 1번째 기사

이 기사는 우리에게 많은 것을 알려주는데 그 중 하나가 바로 음식을 차릴 때는 법도에 따라 그릇을 놓는 곳이 정해져 있었다는 거야. 뿐만 아니라 궁궐에서 여관으로 통칭되었던 상궁이 상차림을 책임지고 있었다는 사실을 알 수 있지. 꽃잎까지 흩트러진 쟁반이 준비될 정도로 상차림이 예술적이고 정성껏 준비되었다는 것도 말이야. 계속되는 실록 기사에는 여관(궁녀)의 안내에 따라 정조가 어머니인 혜경궁 홍씨에게 만수무강을 기원하며 7번이나 술을 올리는 내용이 기록되어 있어. 여성이 예나 지금이나 음식을 차리고 내오는데 중심적인 역할을 수행하였다는 사실을 확인할 수 있지.

그렇다면 궁궐에서 차려내는 음식에는 어떤 것들이 있었을까? 실록에는 사신을 대접하는 식탁에 올리는 음식을 자세하게 열거하고 있어. 그러한 음식을 만들

수라상

어 냈던 곳은 다름 아닌 궁궐의 음식을 책임지고 있는 수라간이야. 어떤 음식들이 수라간 나인들의 손에 만들어졌는지 알아보도록 하자.

...숙소에서 하는 잔치와 점심때 하는 연회 음식을 똑같게 할 수는 없으니, 그 숙소에 있어서는 전례에 의하여 식탁 바깥쪽으로는 유밀과 넉 줄을 쓰고, 안쪽으로는 어육(생선과 고기)과 채파(채소와 파일)를 섞어서 쓰며, 점심 때에는 서울에서의 낮에 차려낸 음식의 예에 따라한 탁자에 넉 줄을 늘어놓되, 바깥 줄에는 유밀과를 쓰고, 안으로 석 줄은 어육과 채파를 섞어서 쓴다.

- 세종 22권, 5년 10월 3일 2번째 기사 1423년

생선과 고기류의 반찬을 세 줄 가득 놓으려면 얼마나 많은 음식이 차려져야 했던 것일까? 그것도 아침 점심으로 각기 다른 음식을 차려야 했다면 수라간의 음식을 담당하는 궁녀들은 얼마나 바빴을까? 땀을 뻘뻘 흘리며 바삐 음식을 차려내는 모습이 눈에 선하지? 정치와 외교를 남성들이 담당했다면 조선의 음식을 사신들의 입맛에 맞게 조리하고 차려냈던 사람은 여성들이야. 음식이 입에 맞지 않거나 정성이 들어가지 않았다면 과연 외교가 제대로 이루어졌을까? 실로 우리나라 역사의 면면에는 전면적으로 기록되지는 않았으나 여성들이 한 역할이 매우 컸다는 사실을 잊지 말아야 해.

잔치뿐만 아니라 궁궐 제사에 차려지는 음식도 어마어마했어. 보통 유밀과

를 담은 그릇만 14개인데 과일 6그릇과 함께 네 줄로 차려내고, 화(화채)·초(채소)·면(국수류)·병(떡)·탕(국) 등을 12그릇에 담아내야 했어. 그리고 그것이 반복적으로 7번이나 차려졌지. 기록을 바탕으로 차린 음식들을 상상해 보면 색색가지로 화려하게 차려진 상차림이 굉장히 화려하고 아름다울 것 같아. 맛만 신경 쓴 것이 아니라 전통적인 오방위 색깔에 맞추어 상을 격식 있게 차렸던 것이지.

이렇듯 조선의 궁궐에서 음식에 쏟은 관심과 정성은 컸단다. 태조 때의 실록 기사를 보면 궁궐을 지을 때 정전을 5간으로 잡고 수라간을 무려 4간으로 잡았다고 나와. 궁궐 부엌의 규모가 무척 컸다는 것을 짐작할 수 있지.

그런가 하면 임금님 밥상에 오르는 그릇이 은기였음을 알려주는 기사도 있단다. 도둑이 궁궐의 수라간에 들어와 은기를 훔쳐갔다는 기사가 그것이지.

> 도둑이 어주(수라간의 다른 말)의 은기(銀器)를 훔쳤으므로, 명하여 도성문을 닫고 수색하게 하였다.
>
> - 세조 21권, 6년 9월 5일 3번째 기사 1460년

지금으로 치면 청와대의 주방까지 들어간 일이니 참 배짱이 큰 도둑이지. 한편으로는 조선 초기의 궁궐 수비가 좀도둑이 들어올 정도로 허술한 점이 있었다는 사실도 짐작해 볼 수 있어. 궁궐에는 은기만을 전문적으로 닦는 종도 있었는데 이런 종을 '은기성상노'라고 불렀어. 은기를 닦는 것이 참으로 분주

한 삶이었고 조금도 쉴 틈이 없었다는 기록도 있지. 그런가 하면 수라간에 들어가는 나인의 나이를 짐작하게 하는 실록 기사도 있단다.

"...그때 묵세는 곧 대전 수라간의 궁인으로 나이 겨우 16세였습니다. ...묵세는 비분 강개하여 죽음으로써 그렇지 않다는 것을 밝혔으니, 어찌 충성스럽고도 절의가 있다고 하지 않을 수 있겠습니까? 그의 유지를 찾아 특별히 정표를 세우소서."

- 정조 7권, 3년 3월 15일 4번째 기사 1779년

영조 때 수라간 나인인 묵세가 목호룡 등의 역적 무리에게 자결로 협조를 거부하자 지금으로 치면 표창에 해당하는 정표를 세워주자는 기사야. 이 수라간 나인 묵세의 나이는 겨우 16세였지. 10대부터 궁궐에 들어가 평생을 궁궐에서 살아야 하는 수라간 나인들의 일생을 잘 알 수 있는 기사란다.

우리는 궁궐 음식뿐 아니라 모든 한국 음식에 자부심을 가져야 해. 색색깔로 아름다운 상차림을 펼쳐냈던 궁중 나인들의 창의력과 노력 역시 높이 평가하는 것이 필요하단다. 그런 마음으로 조선왕조실록에 기록해 놓은 음식을 복원하여 후손에게 물려주고 지구촌 사람들에게도 한국 음식의 맛을 널리 알리는 노력을 펼친다면 정말 의미 있는 일이 될 거야.

자, 그러면 궁중에서 진기하고 귀한 음식들을 정성스럽게 차려 먹을 때 조선 민중들은 어떤 음식을 먹고 살았는지 알아볼까? 앞에서도 말한 바 있지만 조선의 민중은 하루 두 끼를 먹는 것이 일상이었어. 농사철에는 할 일이 많으니 힘을 내기 위해 들에서 점심으로 새참을 먹었지. 점심이라는 말은 간단히 허기를 때운다는 뜻이란다.

음식은 주로 밥과 소찬으로 이루어졌지. 하얀 쌀밥은 드물고 대부분 잡곡밥이었는데 가뭄이 들면 멀건 죽도 먹기 힘들었어. 반찬이라고 해야 고기반찬은 명절 때나 먹을 정도였고 시래기 등으로 끓인 국과 김치와 젓갈류, 나물 반찬, 약간의 밑반찬 등이 전부였어. 산과 들에서 나는 풀이란 풀은 전부 독초만 빼고 캐서 반찬으로 해먹었단다. 하지만 우리 조상들은 지혜로워서 아침 반찬과 저녁 반찬의 찬거리나 조리법이 중복되지 않도록 했어. 워낙 소찬이다 보니 영양이 부실해질 수 있겠지? 그래서 철이 바뀔 때마다 특별 음식을 먹어서 골고루 영양분을 섭취할 수 있도록 했단다.

1월 설날이면 떡국을 끓여 먹었고 대보름이면 오곡밥에 김 등으로 복쌈을 싸먹고 호두, 잣, 땅콩 등의 부럼과 귀밝이 술을 먹었단다. 3월이 되면 봄을 즐기며 각종 꽃을 이용하여 화전을 붙이고 화면을 먹기도 했어. 여름철에는 보양식으로 육개장, 개장국, 삼계탕을 끓여 먹었단다. 우리가 요사이 흔히 먹는 국수 등의 면류는 잔치 음식이었어. 지금도 잔치 국수라는 말이 남아있어. 가을이 되면 햇곡식으로 송편을 빚고 햇과일을 마련하여 정성껏 조상에게 차례를 지낸 다음 국화꽃을 띄운 술을 마시기도 했어. 10월 상달 말일이 되면 시루떡을 쪄서 무병을 빌고 동지에는 팥죽을 쑤어 먹으며 온갖 귀신과 잡신을 쫓는 의식을 치렀고 팥죽 속에 나이만큼의 새알을 빚어 먹기도 했단다.

참, 흥미로운 것은 우리가 먹는 빨간 김치는 임진왜란 이후에 생겨난 거야. 왜냐하면 고추가 임진왜란 이후 일본에서 들어왔기 때문이지. 조선 전기만 해도 백김치나 동치미 등의 하얀 김치를 먹었단다.

[실록 속 여성의 출산]
조선의 쌍생아와 기형아

　　　　　쌍생아란 쌍둥이를 말하는 것이란다. 쌍둥이가 태어나는 것은 얼마든지 있을 수 있는 일이지만 세쌍둥이나 네쌍둥이 출산은 매우 드문 일이지. 특히 네쌍생아가 태어날 확률은 약 70만 분의 일밖에 되지 않아. 대한민국 건국 후 네쌍생아는 2010년까지 고작 9차례를 기록하고 있을 정도로 희귀하단다.

　기형아는 현대에서 그 수가 매우 심각하게 많아졌어. 산모가 흡연을 하거나 의약품을 잘못 복용한다든지, 여러 가지 화학적인 식품 첨가물이 많이 들어있는 음식물을 먹을 경우 기형아가 생길 가능성이 높기 때문이지. 또 최근에 발생한 일본의 대지진으로 방사능이 유출된 지역 혹은 과거의 체르노빌 원전 사고에서 피폭된 부모에게서 출산한 자녀의 경우에는 기형아일 가능성이 매우 높아. 북한에서도 우라늄 광산에서 일했던 여성들이 항문이나 생식기, 귀 또는 손가락이 없는 아기를 출산했다는 뉴스도 보도되었어. 이와는 약간 다른 샴쌍둥이는 현대엔 놀라운 일이 아닐 정도로 그 수가 늘어났지. 몸은 하나인데 머리가 둘인 경우의 아이들이 불편함을 감수하고 성장하거나 무리하게 분리 수술을 강행하다가 목숨을 잃기도 하지.

그렇다면 조선왕조실록에는 쌍생아와 관련하여 몇 건의 기록이 실려 있을까? 총 45건의 쌍생아 출산과 관련한 기록이 있어. 그러나 두 명을 낳은 쌍생아는 기록하지 않았고 세쌍생아 혹은 네쌍생아에 대한 내용을 기록해 놓았지. 조선 500년 역사 동안 44건의 쌍생아 출산 기록이 있는 걸 보면 쌍생아 출산은 당시 자주 있는 일이 아님을 알 수 있어. 특히 그 44건 중에서 네쌍생아에 대한 기록은 단 한 건뿐이야. 현재의 도지사에 해당하는 감사 혹은 고을의 수령은 도내에서 세 쌍생아 혹은 네쌍생아가 태어나면 장계를 올려 나라에 보고를 하였지.

요즘엔 인공수정 등의 영향으로 쌍생아가 쉽게 생길 뿐만 아니라 산부인과를 통하여 출산할 수 있지만, 조선 시대에는 전문적인 산부인과가 없었기 때문에 쌍생아 출산은 매우 힘든 일이었어. 조선왕조실록에서 세쌍생아 이상을 기록에 남긴 이유는 이것을 매우 특별한 일로 생각했기 때문이야. 쌍생아 출산과 관련하여 가장 빠른 기록은 태종 때로, 노비가 세 아들을 낳았다는 기록이 그것이야.

죽은 정당 문학 서균형의 집종이 한꺼번에 세 아들을 낳았다.

- 태종 7권, 4년 5월 5일 4번째 기사 1404년

그러나 세쌍생아를 낳은 산모를 위로하였다거나 어떤 산고를 겪었는지에 대한 기록은 없어. 그렇다면 조선 시대 여성들은 세쌍생아를 출산해도 국가에서 아무런 위로나 격려도 받지 못했을까? 그렇지 않아. 세쌍생아를 낳은 여성에게 격려의 곡식을 하사한 모범을 보여 준 국왕이 있단다. 조선 역사상 최고의 성군이었던 세종대왕이야. 다음의 기록을 함께 볼까?

> 경상도 언양 사람 이신기의 처가 한 번에 세 아들을 낳았으므로, 쌀을 하사하였다.
>
> - 세종 10권, 2년 12월 20일 2번째 기사 1420년

세종은 세쌍생아를 낳은 산모가 양반이든, 상민이든, 심지어 노비이든 신분과 상관없이 격려를 아끼지 않았어. 다음은 노비에게 격려품을 내린 기록이란다.

> 함길도 길주에 사는 사노(私奴) 귀산의 처가 한번에 세 아들을 낳았는지라, 쌀과 콩 7섬을 하사하였다.
>
> - 세종 116권, 29년 4월 9일 1번째 기사 1447년

그런데 흥미로운 것은 세종 때 세쌍생아를 낳았다는 6번의 기록 중에서 5번은 쌀을 내리는 등 상을 주었으나 두 아들과 딸 하나를 낳은 경우에는 상을

내리지 않았다는 사실이야. 다음의 기록을 살펴보자.

> 경상도 고성에 거주하는 신백정의 몸집 큰 아내가 한꺼번에 사내아이 들
> 과 계집아이 하나를 낳았다.
>
> - 세종 35권, 9년 1월 19일 3번째 기사 1427년

이것은 조선의 남존여비 사상을 그대로 반영하는 것이야. 딸로 태어난 아기는 세 사람이 태어나 격려의 상을 내리는 일에 해당하지 않는 것이지.

그러나 임진왜란과 병자호란을 치르면서 여성의 사회적 역할이 커져가자 드디어 국가에서 세쌍생아를 모두 딸로 낳아 젖으로 키우는 여인에게도 상을 내려 격려하게 되었어. 병자호란을 겪고 난 후인 1641년의 기록을 보면 잘 알 수 있지.

> 경기 풍덕에 사는 임망의 아내가 젖 하나로 세 쌍둥이 딸을 키웠는데, 상
> 이 해조로 하여금 전례에 의거하여 물품을 주게 하였다.
>
> - 인조 42권, 19년 6월 10일 1번째 기사 1641년

이러한 세쌍생아를 출산한 산모에게 상을 내리는 일은 효종 때를 끝으로 사라졌어. 실록의 기록에 아기들이 탄생한 것은 기술하되 상을 내렸다는 기록은 보이지 않아. 예를 들어 현종 때에도 모두 7번의 쌍생아 출산 기록이 있

으나 상은 내리지 않았고 영조 때도 6번의 쌍생아 기록이 있으나 역시 격려하는 기사는 기록되어 있지 않아.

한편 쌍생아 출산의 기록을 살펴보면 쌍생아가 태어났어도 태어난 즉시 죽는 사례가 대부분이었음을 알 수 있어. 따라서 해를 넘겨 생존하는 아기들이 있으면 이것은 매우 신기한 일로 간주되었지. 이와 관련한 현종 때의 기록을 살펴보자.

> 충청도 대흥현의 사비 견옥이 한 태에 세쌍둥이를 낳았다. 일찍이 갑오년(효종5년 1654)에도 세쌍둥이를 낳아 모두 생존하여 있으니 기이한 일이다.
>
> -현개 5권, 2년 5월 16일 4번째 기사 1661년

이 기록에서 거론된 생존한 아기들은 기록될 당시 나이가 7살이야. 7살이나 되었는데도 기이한 일로 적고 있으니 쌍생아로 태어난 아기들이 보통 얼마 살지 못했다는 것을 짐작할 수 있지.

세쌍생아가 이렇다면 네쌍생아의 경우는 어떠했을까? 조선 시대 쌍생아 출산 기록 44건 중 네 쌍생아에 대한 출산 기록은 단 한건이야. 숙종 때 기록으로 다음이 그것이란다.

충청도 남포 유학 임세기의 아내 백씨가 한 태에서 네 아들을 출산하였는
데, 백씨는 세 아들과 함께 이내 죽었다.

- 숙종 53권, 39년 5월 10일(병술) 1번째 기사 1713년

네쌍생아 중 세 아이와 함께 산모가 출산의 고통 속에 숨을 거두었다는 기
록이야.

조선 시대에는 현대와 같이 환경오염이나 방사능과 같은 문제가 거의 없었
던 청정 사회였어. 그럼에도 불구하고 기형아는 종종 태어나서 역시 조선왕
조실록에 그 과정을 낱낱이 기록하고 있어. 이변으로 생각되기 때문이지. 특
히 쌍생아 출산 과정에서 현대에 샴쌍둥이로 불리는 아기들도 태어났었다는
기록을 살펴볼 수 있어.

통진현의 사비(私婢) 사옥이 한 배에 세쌍둥이 딸을 낳았다. 두 딸은 각
각 얼굴과 팔다리가 있었지만 두 배가 합쳐져서 하나였는데 곧바로 다
죽었다.

- 현종 13권, 8년 3월 10일 5번째 기사 1667년

조선왕조실록에서 기형아 출산과 관련한 기록은 모두 10여 건이야. 가장
대표적인 기록은 명종 때 제주도에서 태어난 기형아에 대한 것으로, 과거에는

이러한 경우 어떻게 조치했는지를 알 수 있지.

정원에 전교하였다.

"이 제주 목사 민응서의 서장을 보건대【민간에서 어느 여인이 아이를 낳았는데, 머리는 하나이고 귀·눈·코·머리털을 갖추었으나, 몸체는 둘이어서, 어깨·팔이 넷이고 손에는 각각 손가락 마디와 손톱을 갖추었고 다리가 넷에 발에는 각각 발가락 마디와 발톱을 갖추었으니, 각각 음문·항문과 양 볼기가 있는데 계집아이였다.】이것은 사람의 이변이니, 홍문관을 시켜 전사(前史)를 살펴서 아뢰라."

- 명종 24권, 13년(1558 무오) 4월 10일(정해) 1번째 기사

기형아들은 대부분 죽은 아기가 태어나거나 태어나자마자 세상을 떠났음을 기록하고 있어. 당시는 외과 시술이 발달하지 못했을 뿐만 아니라 인큐베이터가 없던 시대였으므로 이러한 경우 속수무책으로 죽음에 이르는 것을 지켜볼 수밖에 없었던 거지.

이상에서 살펴 본 것을 종합해 보면 조선 시대 여성들은 출산과 관련한 어떤 의학적 진료나 도움을 받지 못했을 뿐 아니라 부인과가 없어서 출산 때 산통을 겪거나 태어난 아기가 목숨이 위태로워도 제대로 진료를 받지 못하고 삶을 마쳐야 했다는 사실을 알 수 있어. 하지만 그러한 어려움 속에서도 엄마가

필사적으로 노력하여 쌍생아로 태어난 세 아기들을 무사히 키워나간 일이 있었다고 하니 모성애의 위대한 힘을 느껴볼 수 있단다.

알아 두면 더 좋은 이야기 **유성이 떨어지면 기형아가 태어난다?**

중종 때 실록을 보면 유성의 출현과 기형아 출산을 같은 기사에서 기록하고 있어. 유성이 출현한 날짜와 기형아가 출산된 날짜는 전혀 다른 날짜였음에도 이 두 가지를 함께 기록하고 있는 것은 모두 천재이변에 속한다고 생각했기 때문이야. 이것은 전혀 과학적인 태도가 아니지. 우연히 일어난 일들을 마치 불길한 일이 일어나는 전조 현상으로 기록했으니 말이야. 그러나 한편으로는 이러한 유성의 기록을 통해 조선의 천체 관측술이 상당한 수준이었음은 잘 알 수 있어. 창경궁에 관천대가 남아있듯이 관상감에서 항시 천체 및 별들의 움직임을 관찰하고 변화가 나타나는 현상을 기록으로 남겼지. 다음이 그 기록 중 하나야.

저녁에 유성이 북극성 아래서 나와 북쪽 하늘 가로 들어갔는데 형상이 동이처럼 생겼고 빛은 붉어서 마치 횃불 같았으며, 꼬리의 길이는 8~9척쯤 되었다. 천천히 돌면서 갔다. 또 천시(天市)의 서원(西垣)에서 나와 남쪽 하늘가로 들어갔는데 형상은 병 같고 꼬리의 길이는 7~8척쯤 되었으며 붉은 빛깔이었다. 이때에 일어난 천변(天變)은 극도에 이르렀다고 할 만하였다.

날짜를 모르는 어느 날에는 종친 서성 정의 집에서 한 여종이 한꺼번에 아들 세 쌍둥이를 낳았는데 사람 몸뚱이에 개의 머리여서 듣는 사람들이 모두 해괴하게 여겼다. 음양의 기가 서로 화합하지 못함을 분명히 알 수 있다.

- 중종 74권, 28년 3월 9일 5번째 기사 1533년

223

[실록 속 천문]
조선의 UFO 목격담과 천문학

우리나라와 중국에서 놀라운 시청률을 기록했던 SBS 드라마 〈별에서 온 그대〉 이후 부쩍 우주인에 대한 관심이 높아졌어. 또 미국 대통령이 되기 위해 경선을 벌이고 있는 미국 민주당 대통령 후보인 클린턴은 만약 자신이 대통령이 된다면 미 항공 우주국이 비공개하고 있는 우주인의 실체를 세상에 밝히겠다고 했지.

그런데 놀라운 사실이 있어. 조선왕조실록에도 UFO의 출현이 기록되어 있다는 거야. 바로 이 기사가 모티브가 되어 드라마 〈별에서 온 그대〉가 만들어졌지. 그 기사를 읽어보면 도저히 UFO 외에는 해석이 안 돼. 함께 읽어볼까?

강원 감사 이형욱이 치계하였다.

"간성군에서 8월 25일 사시(巳時), 푸른 하늘에 쨍쨍하게 태양이 비치었고 사방에는 한 점의 구름도 없었는데, 우레 소리가 나면서 북쪽에서 남쪽으로 향해 갈 즈음에 사람들이 모두 우러러 보니, 푸른 하늘에서 연기처럼 생긴 것이 두 곳에서 조금씩 나왔습니다. 형체는 햇무리와 같았고 움직이다가 한참 만에 멈추었으며, 우레 소리가 마치 북소리처럼 났습니다."

- 광해 20권, 1년 9월 25일 3번째 기사 1609년

이 기사가 신빙성이 있는 것은 오늘날 도지사에 해당하는 강원도 감사가 보고서를 올린 내용이기 때문이야. 이 기이한 물체는 강원도의 간성군, 원주목, 강릉부에서는 10시경에, 양양부에서는 2시경에 볼 수 있었어. 형체가 햇무리와 같았다는 표현을 쓰고 있는데 같은 기사에 좀 더 자세히 묘사된 내용을 읽어 보면 더 놀랍단다.

"강릉부에서는 8월 25일 사시에 해가 환하고 맑았는데, 갑자기 어떤 물건이 하늘에 나타나 작은 소리를 냈습니다. 형체는 큰 호리병과 같은데 위는 뾰족하고 아래는 컸으며, 하늘 한 가운데서부터 북방을 향하면서 마치 땅에 추락할 듯 하였습니다. 아래로 떨어질 때 그 형상이 점차 커져 3, 4장 정도였는데, 그 색은 매우 붉었고, 지나간 곳에는 연이어 흰 기운이 생겼다가 한참 만에 사라졌습니다. 이것이 사라진 뒤에는 천둥소리가 들렸는데, 그 소리가 천지를 진동했습니다."

- 위와 출처 같음

인류가 처음 비행기를 만들어 하늘을 날기 시작한 것이 20세기 초니까 1609년에는 세계 어느 곳에서도 비행기가 다닐 순 없었어. 그렇기에 실록에 기록된 저 물체가 비행기는 아니었다는 거지. 또 이 호리병같이 생긴 비행 물체가 날아간 뒤에는 비행기가 지나간 자리에서 볼 수 있는 흰 구름 같은 것이 생겼다고 기록되어 있어. 그럼 속도는 어느 정도였을까?

"매우 크고 빠르기는 화살 같았는데 한참 뒤에 물처럼 생긴 것이 점차 소멸되고, 청백(靑白)의 연기가 팽창되듯 생겨나 곡선으로 나부끼며 한참 동안 흩어지지 않았습니다. 얼마 있다가 우레와 북 같은 소리가 천지를 진동시키다가 멈추었습니다."

- 위와 출처 같음

포물선을 그리며 날아다니는 모양이 묘사되어 있고 그 빠르기는 마치 화살과 같았다고 했어. 제트기의 속도가 이만큼이지 않니? 당시에는 가장 빨리 달리는 것이 말 정도였으니까 사람들이 느꼈을 충격은 말도 못하게 컸을 거야. 그런데 이 미확인 물체가 내 머리 위에 나타났다고 생각해봐. 그 자리에서 주저앉을 만큼 충격적이겠지? 다음이 그 기사란다.

"양양부에서는 8월 25일 미시(未時)에 품관인 김문위의 집 뜰 가운데 처마 아래의 땅 위에서 갑자기 세숫대야처럼 생긴 둥글고 빛나는 것이 나타나,

> 처음에는 땅에 버릴 듯 하더니 곧 1장 정도 굽어 올라갔는데, 마치 어떤 기운이 공중에 뜨는 것 같았습니다. 크기는 한 아름 정도이고 길이는 베 반 필 정도였는데, 동쪽은 백색이고 중앙은 푸르게 빛났으며 서쪽은 적색이었습니다. 쳐다보니, 마치 무지개처럼 둥그렇게 도는데, 모습은 깃발을 만 것 같았습니다."
>
> - 위와 출처 같음

우리가 비행접시를 상상할 때 꼭 세숫대야를 엎어 놓은 모양을 떠올리는데, 조선 사람들의 눈에도 이 비행물체의 모습은 마치 세숫대야를 엎어 놓은 것 같이 보였던 거야. 그 물체는 착륙을 시도한 것 같은데 만약 제대로 착륙했다면 그 비행물체에서 나온 외계인을 볼 수 있었겠지. 그런데 아쉽게도 착륙하는 듯 하다가 다시 올라가 무지개 같은 포물선을 그리며 사라졌다는 거야. 나타난 비행물체는 하나가 아니었어. 마치 분열을 하는 듯한 모습을 보여 주었다고 하는데 같이 읽어볼까?

> "이어 하늘에 붙은 것처럼 날아 움직여 하늘에 부딪칠듯 끼어들면서 마치 기운을 토해버리는 듯하였는데, 갑자기 또 가운데가 끊어져 두 조각이 되더니, 한 조각은 동남쪽을 향해 1장 정도 가다가 연기처럼 사라졌고, 한 조각은 본래의 곳에 떠 있었는데 형체는 마치 베로 만든 방석과 같았습니다. 조금 뒤에 우레 소리가 몇 번 나더니, 끝내는 돌이 구르고 북을 치는

우리나라의 나로호나 미국의 항공우주국에서 로켓을 쏘아 올리는 장면을 보면 추진 엔진이 있는 부분과 위성 부분이 분리되면서 지구 궤도를 빠져나 간다는 걸 알 수 있지. 그런데 실록에 기록된 이 비행물체들도 두 조각이 나서 그 중 한 개는 순식간에 눈앞에서 사라졌다는 거야. 정말 신기하지?

끝으로 강원도 감사는 자신들이 본 것이 빗속에 내린 우박과 같은 것이 아 님을 확실히 하기 위해 이런 말을 덧붙이고 있어.

이런 보고에 대해 조정에서는 어떤 판단을 내렸을까? 실록에는 이와 관련 한 어떤 논의도 기록되어 있지 않았어. 단지 기이한 자연현상이라고만 써두 었단다. 그 앞의 기사에,

이라고만 적어 놓았지. 태백성이란 금성을 말하는 거야.

기상학자들은 광해군이 집권하던 시기인 17세기 초를 '소빙기' 현상이 일어난 시기라고 주장하기도 해. 소빙기에는 전 세계적으로 이상 기후 현상이 나타나고 전쟁이 빈발한다고 하지.

그래서 그런지 광해군 때에는 전쟁은 없었지만 유난히 기상 이변 현상이 많이 일어났어. 3월에는 흙비가 내려 앞을 구분할 수 없었다고 해.

> 연산에 흙비가 내려 지척을 분간할 수 없었다.
>
> - 광해군일기[중초본] 14권, 광해 1년 3월 27일 무신 1번째 기사 1609년

광해군 일기 중에서 흙비가 내린 일만 11번이야. 이것과 함께 우박이 쏟아지기도 했고 지진도 일어났어.

> 충청도 단양군의 밭 사이에서 배꽃이 나무 가득히 만발하였다. 보은현에서는 8월 16일 2경에 땅이 〈한 차례 움직였는데, 북쪽에서부터 남쪽으로 가면서 소리가 마치 우레와 같았고, 방과 집이 모두 흔들리다가 한참 만에 그쳤다.〉
>
> - 광해군일기[중초본] 20권, 광해 1년 9월 3일 신사 4번째 기사 1609년

일부 과학자들은 비행물체가 나타나기 한 달 전 한양에서도 목격된 유성의

기록에 근거해서 강원도에서 출몰한 것은 유성일 뿐이라는 주장을 펼치기도 해. 다음이 유성 출몰 기록이지.

> 오시에 영두성이 크기는 항아리만 하였고 빠르게 지나갔는데 마치 횃불과 같고, 요란한 소리가 났다.
>
> - 광해군일기[정초본] 19권, 광해 1년 8월 25일 2번째 기사 1609년

> 선천군에서 오시에 날이 맑게 개어 엷은 구름의 자취조차 없었는데, 동쪽 하늘 끝에서 갑자기 포를 쏘는 소리가 나서 깜짝 놀라 올려다보니, 하늘의 끌단처럼 생긴 불덩어리가 하늘가로 떨어져 순식간에 사라졌다. 그 불덩어리가 지나간 곳은 하늘의 문이 활짝 열려 폭포와 같은 형상이었다.
>
> - 광해군일기[정초본] 19권, 광해 1년 8월 25일 3번째 기사 1609년

영두성이란 낮에 떨어지는 유성을 말하는 거야. 그러나 광해군 때 목격된 비행물체는 세숫대야 같은 원반형의 모습을 가지고 있었기 때문에 이 기록에 나타난 유성과 동일시하기 어려운 점이 있지. 그래서 일부 과학자들은 유성으로 판단하지 않고 결론을 유보하고 있어. 실제로 UFO는 구석기 시대 원시인의 동굴벽화를 비롯하여 르네상스 시기의 수태고지(성령의 힘으로 예수가 탄생할 것이라는 것을 가브리엘 천사가 성모마리아에게 알려주는 그림)에 이르기까지 인류가 그린 그림 여기저기에 그려져 있지. 또 제2차 세계 대전이나 6.25 전쟁 당

시 비행사들의 목격담도 심심치 않게 등장해. 이와 비슷한 경험에 대한 기록이 실록의 기사로 남겨진 거란다.

한편 조선에서는 벼락에 사람이 맞아 죽거나 지진이 나면 해괴한 일이 일어났다고 하여 해괴제사를 지냈어. 다음이 그런 기사야.

경상도 의성현 백성이 벼락을 맞아 죽었다. 관원을 보내어 해괴제(解怪祭)를 거행하게 하였다.

- 문종실록 2권, 6월 10일 임오 4번째 기사 1450년

조선 시대에 이런 천문과 기상, 지질과 관련한 일을 맡아 보던 관청이 관상감이야. 조선왕조실록에는 혜성, 월식, 일식, 지진 등의 기상 이변이 상세히 기록되어 있는데 이런 기상 이변 현상들을 조사하고 관찰하여 보고하는 관청이 관상감이란다. 조선 초기에는 서운관이라고도 불렀어. 관상감이 하는 일을 잘 알 수 있는 실록 기사를 읽어 보자.

서울 관상감 관천대

혜성이 나타나니, 임금이 덕원군 이서에게 명하여 관상감정 안효례에게
이를 살피게 하였다.

- 세조실록 47권, 세조 14년 9월 3일 기미 1번째 기사 1468년

그런데 광해군 때 일어난 비행물체와 관련해서는 관상감의 조사가 행해지지 않았어. 광해군 이후 조선 시대에 이러한 비행물체가 나타나는 일은 더 이상 없었거든. 하지만 천체 물리학을 연구하지 않는 비전문가가 보더라도 광해군 때의 기록은 UFO와 맞아떨어져서 지금까지도 많은 사람들이 의문점을 가지고 탐구하고 있지.

알아 두면 더 좋은 이야기 조선에서부터 내려온 세종별과 홍대용별

우리나라에서는 아주 오랜 옛날부터 천문학에 깊은 관심을 기울였단다. 삼국 시대 고구려 고분인 각저총에는 별자리가 그려져 있고 장천 1호 등의 고분에도 해와 달, 그리고 북두칠성을 그린 벽화가 남아 있기도 하지. 신라 시대에는 해시계와 시간을 기록하는 누각전이 있었을 뿐만 아니라 동양에서 가장 오래된 천문대인 첨성대를 세우기도 했지. 고려 시대에도 수도인 개경에 첨성대를 세웠고 역사서인 『고려사』에는 천문 관측에 대해 상세히 나와 있어.

조선 시대에는 이러한 천문학의 전통을 이어받아 이름을 서운관에서 관상감으로 바꾼 전문기구까지 두면서 좀 더 체계적인 연구가 이루어졌단다. 특히 태조 4년(1395)에는 석각 천문도(돌에 별자리를 새겨 넣은 것)인 '천상열차분야지도(天象列次分野之圖)'를 만들었는데 여기에 우리나라 밤하늘에서 볼 수 있는 1,467개의 별이 새겨져 있어. 놀랍지? 그런데 더 놀라운 것은 석각에 새겨진 논설을 읽어 보면 이 천문도가 원래 평양성에 있었다고 하여 고구려에서 전래된 천문도라는 것을 알 수 있어.

또 조선의 정궁인 경복궁 북쪽에는 천체를 관측하는 기구인 대간의대 등 3개의 왕실 관천

대가 있었다는 기록이 남아 있어. 조선왕조실록 속 기사 곳곳에서도 별을 관측하여 정치 현상과 연결을 시켜 해석했지. 연구자들이 낸 통계에 의하면 조선왕조실록과 『증보문헌비고』 등에만 해도 2만여 개의 천문 기록이 남아있다고 해.

과거 시험을 통해 관상감에 근무할 관리도 뽑았는데 잡과 중 음양과가 바로 천문학을 공부하는 분야였지. 특히 과학 발전의 전성기인 세종대왕 때는 장영실과 이순지, 김담 등의 활약으로 각종 천문을 관측할 수 있는 기구 등을 제작했는데 간의, 혼천의, 규표 등이 그것이야. 또 해시계인 앙부일구, 물시계인 자격루 등을 제작했고 이러한 기구들을 보관하는 보루각과 흠경각 등을 세우는 한편, 천문도를 돌에 새기게 했다고 하는데 현재 안타깝게도 전해지지는 않아.

천상열차분야지도 각석

그런가 하면 천문대의 설립과 관측기구의 개발을 바탕으로 세종은 『칠정산』 내편과 『칠정산』 외편의 달력도 만들었단다. 그래서 1996년에 새롭게 발견된 소행성에 이러한 세종의 업적을 기념하여 '세종별'이라는 이름이 붙여지기도 했지. 그런데 세종별뿐 아니라 홍대용별도 있어. 홍대용은 18세기의 실학자인데 별을 관측하기 위해 농수각이라는 개인 천문대를 세운 분이란다. 그는 농수각에 통천의, 혼상의 등의 천체관측기구를 제작하여 별을 관측했단다. 이러한 조선의 천문연구를 계승하여 이제 우리도 나로호를 성공적으로 쏘아 올렸으니 달이나 다른 별에 갈 날도 곧 다가오겠지?

[실록 속 외래 문물]
조선에 찾아온 외국인과 코끼리

2002년 월드컵 때 한국의 4강 신화는 네덜란드 출신의 축구 감독 히딩크가 지도한 덕분이었지. 그런데 우리나라와 네덜란드와의 인연은 꽤 뿌리 깊은 편이야. 조선왕조실록에 네덜란드 사람으로 조선에 표류해 살았던 서양인 두 사람에 대한 기록이 남아있거든. 그 중 한 명은 조선을 탈출하여 본국으로 돌아가 『하멜표류기』라는 책을 썼는데 서양에 우리나라의 존재를 알린 최초의 책이 된단다. 이 책은 1668년 로테르담에서 『스페르베르호의 불운한 항해표류기(van de Ongeluckige Voyage van't Jacht de Sperwer)』라는 제목으로 출판되었어. 이 책을 쓴 동인도 회사 선원이었던 하멜(Hendrick Hamel)은 일본의 나가사키에 가던 도중 풍랑으로 표류하여 제주도에 도착했단다. 제주도에 발을 디딘 1653년 7월 30일부터 1666년 9월 30일까지 조선에 억류되어 있다가 동료 7명과 함께 탈출에 성공하여 고향으로 돌아갈 수 있었지. 그 덕분에 후손인 우리도 모르는 조상들의 삶의 자취가 시간과 공간을 초월하여 서양에 전해졌으니 무척 흥미로운 일이야.

그런데 하멜이 조선에 억류되어 있을 때 제주도에서 한양으로 끌려가 국문을 받게 되었는데 놀랍게도 그 자리에 같은 네덜란드 사람이 나타났어. 그리고 자신이 하멜과 같은 나라 사람이라고 했지. 이 사람의 이름은 박연으로, 수년 전에 그 역시 조선에 표류해서 조선인 여성과 결혼하여 지내고 있었단다. 타국에 산 지 수십 년 만에 고국 동포를 만난 박연의 마음은 얼마나 감격스러웠을까? 하멜이 도착한 내용에 대한 조선왕조실록의 기사를 살펴볼까?

제주 목사 이원진이 치계(보고를 올리다)하기를,

"배 한 척이 고을 남쪽에서 깨져 해안에 닿았기에 대정 현감 권극중과 판관 노정을 시켜 군사를 거느리고 가서 보게 하였더니, 어느 나라 사람인지 모르겠으나 배가 바다 가운데에서 뒤집혀 살아남은 자는 38인이며 말이 통하지 않고 문자도 다릅니다...파란 눈에 코가 높고 노란 머리에 수염이 짧았는데, 혹 구레나룻은 깎고 콧수염을 남긴 자도 있었습니다. 그 옷은 길어서 넓적다리까지 내려오고 옷자락이 넷으로 갈라졌으며 옷깃 옆과 소매 밑에 다 이어 묶는 끈이 있었으며 바지는 주름이 잡혀 치마 같았습니다..."

- 효종실록 11권, 효종 4년 8월 6일 2번째 기사 1653년

오, 흥미로워라. 서양인이 조선에 도착한 거야. 조선 사람들은 이들과 어떻게 의사소통을 했을까? 손짓? 발짓? 아니야. 이들 중에 일본말을 할 줄 아는

사람이 있어서 대화가 시작되었지.

> 왜어를 아는 자를 시켜 묻기를 '너희는 서양의 크리스챤[吉利是段]인가?'
> 하니, 다들 '야야' 하였고, 우리 나라를 가리켜 물으니 고려라 하고, 본도(제
> 주도)를 가리켜 물으니 오질도라 하고, 중원을 가리켜 물으니 혹 대명(大明)
> 이라고도 하고 대방이라고도 하였으며, ...정동을 가리켜 물으니 일본이
> 라고도 하고 낭가삭기(郎可朔其, 나가사키)라고도 하였는데, 이어서 가려는
> 곳을 물으니 낭가삭기라 하였습니다."
>
> - 위와 출처 같음

이들은 한양으로 압송되었어. 그리고 이들 앞에 동포가 나타났지. 그 극적
인 장면을 읽어 볼까?

> 이어 조정에서 서울로 올려보내라고 명하였다. 전에 온 남만인 박연이라
> 는 자가 보고 '과연 만인이다.' 하였으므로 드디어 금려(금군, 친위대를 말함)에
> 편입하였는데, 대개 그 사람들은 화포를 잘 다루기 때문이었다. 그들 중
> 에는 고로 퉁소를 부는 자도 있었고 발을 흔들며 춤추는 자도 있었다.
>
> - 위와 출처 같음

조선왕조실록에 그가 고국 동포를 만났을 때의 심정은 기록되어 있지 않

아. 그러나 윤행임이 쓴 시문집 『석재고』에는 박연이 고국 사람들을 만나고 너무나 감격스러워 옷깃이 다 젖도록 울었다고 기록되어 있지. 앞서 잠시 언급했듯이 박연은 1627년 정묘호란이 일어난 그 해에 배가 난파하여 제주도에 표착한 3명의 네덜란드인 중 한 명이야. 조선에서는 이들을 일본으로 돌아가도록 했으나 일본에서 이들을 받아들이지 않아 조선에 남게 되었지. 이들 중 정묘호란 중에 2명이 죽고 벨테브레이만 남아서 박연이라는 이름을 가지고 조선 사람으로 귀화한 거야. 그는 강인한 체력과 더불어 무기 제조술에 뛰어나 1648년에는 무과에서 장원급제를 했어. 그 기록을 살펴볼까?

> 정시를 설행하여 문과에 이정기 등 9인을, 무과에 박연 등 94인을 뽑았다.
>
> — 인조실록 49권, 인조 26년 8월 25일 정사 2번째 기사 1648년

그 후 박연은 훈련도감에 배속해 있으면서 홍이포를 제작하고 조총을 개량하는데 힘썼지.

한편 하멜 일행 중 한 명이 조선을 방문한 청나라 사신에게 자신들의 입장을 호소해 조선이 사뭇 긴장하는 사건도 있었어. 그 네덜란드 사람은 단식 투쟁을 한 끝에 숨을 거두었다고 실록은 기록하고 있어.

> ...청나라 사신이 왔을 때에 남북산이라는 자가 길에서 곧바로 하소연하여 고국으로 돌려보내 주기를 청하니, 청사가 크게 놀라 본국을 시켜 잡아

『하멜 표류기』에 의하면 이들의 고생은 말도 못했어. 당시 효종이 북벌 계

획을 추진하고 있을 때였기 때문에 하멜 일행은 남한산성의 이완 대장 아래에

서 근무를 하며 서양식 무기 제조 기술을 가르쳐 주기도 했어. 『하멜 표류기』

에는 이완 대장에 대한 묘사가 잘 나타나 있어. 읽어 볼까?

"만일 총사령관이 왕의 임무 수행으로 길을 떠날 때에는 하급 병사들은

그와 동행해야만 한다. 그는(이완 대장) 매년 봄에 3개월, 가을에 3개월

모두 6개월 동안 군사들을 훈련시킨다. 그 훈련은 마치 실전과 같았고,

세상의 모든 짐이 그들의 어깨에 달려 있는 것 같았다."

그러던 중에 앞서 말한 일행 중 한 명이 청나라 사신에게 하소연하여 탈출

을 시도한 사건 때문에 조정에서 이들을 전라도로 유배를 보내게 되지. 그런

데 부임하는 수령에 따라 대우가 천차만별이어서 마음도 몸도 고달팠어. 흉

년이 계속되어 먹을 것이 제대로 공급되지 않아서 구걸할 때도 있었고 승려들

에게 서양 이야기를 들려주면서 겨우 겨우 먹고 살기도 했어. 그러다가 드디

어 하멜 일행 중 7명이 몰래 나가사키로 탈출하는데 성공할 수 있었어. 조선

에서는 이들이 탈출한 것에 대해 엄히 책임을 묻도록 조치했지.

...승지 민유중이 아뢰기를,

"신이 호남에 있을 때에 보았는데, 이 무리들이 연로에서 구걸하다가 신에게 호소하기를 '만약 저희들을 왜국으로 보내준다면 저희 나라로 돌아갈 수 있을 것이다.'라고 하였는데, 그들이 도망쳐 왜국으로 들어간 것이 의심할 게 없습니다."

하자, 좌상 홍명하가 아뢰기를,

"남만인이 타국으로 도주하였는데도 지방 관원이 아직까지 보고하지 않았으니, 정말 한심스럽습니다."

하니, 상이 본도에 명해 조사하여 아뢴 다음에 치죄하라고 하였다...

- 현종개수실록 16권, 현종 7년 10월 26일 2번째 기사 1666년

이들은 본국으로 돌아갔지만 박연은 고국을 마음에 담고 그리워만 하다가 끝내 조선에서 숨을 거두었어. 조선 사람들 중에는 박연의 피가 흐르는 사람이 있을지도 몰라. 그가 1남 1녀의 자녀를 두었기 때문이지.

자, 그럼 이번에는 외국인에 이어 외국 동물인 코끼리 이야기를 해 볼게. '조선 시대에 외국에 사는 코끼리가 어떻게 오게 되었을까?

태종 때 일본 국왕이 선물로 코끼리를 보냈어. 그런데 이 코끼리의 먹성이

보통이 아니었어. 하루에 콩 4~5두(斗)씩을 먹어 치우는 거야. 다음은 코끼리에 대한 실록의 첫 기사란다.

> 일본 국왕 원의지가 사자를 보내어 코끼리를 바쳤으니, 코끼리는 우리 나라에 일찍이 없었던 것이다. 명하여 이것을 사복시에서 기르게 하니, 날마다 콩 4·5두씩을 소비하였다.
>
> - 태종실록 21권, 태종 11년 2월 22일 계축 2번째 기사 1411년

키우기도 벅찬데 이 코끼리가 그만 사람을 밟아 죽였어. 전공조판서 이우가 코끼리를 우습게 보고 추하게 생겼다며 침을 뱉자 화가 난 코끼리가 그를 밟아 죽여 버렸어.

> 전 공조 전서 이우가 죽었다. … 이우가 기이한 짐승이라 하여 가보고, 그 꼴이 추함을 비웃고 침을 뱉었는데, 코끼리가 노하여 밟아 죽였다.
>
> - 태종실록 24권, 태종 12년 12월 10일 6번째 기사 1412년

이런, 코끼리가 사람을 죽였으니 야단이 났겠지? 조정에서는 사람을 죽이고 다치게 한 괘씸한 코끼리를 어떻게 할지 논의하다가 순천부의 장도라는 섬에 유배를 보냈어. 그런데 코끼리가 잘 먹지도 않고 사람만 보면 눈물을 흘렸어. 이것을 보고하니 태종이 다시 육지로 보내라고 명령했지.

"길들인 코끼리를 순천부 장도에 방목하는데, 수초를 먹지 않아 날로 수척하여지고, 사람을 보면 눈물을 흘립니다."

하니, 임금이 듣고서 불쌍히 여겼던 까닭에 육지에 내보내어 처음과 같이 기르게 하였다.

- 태종실록 27권, 태종 14년 5월 3일 4번째 기사 1414년

코끼리는 해가 거듭될수록 애물단지가 되었어. 사람도 제대로 먹을 것이 없는데 코끼리가 음식을 엄청나게 먹어치웠기 때문이지. 그래서 세종 때 전라도 관찰사가 코끼리를 전라도, 충청도, 경상도에서 교대로 돌아가며 키우게 해달라고 건의를 했단다. 그런데도 코끼리는 계속 말썽을 피웠어. 이번에는 또 어떤 사고를 쳤는지 읽어 볼까?

충청도 관찰사가 계하기를,

"공주(公州)에 코끼리를 기르는 종이 코끼리에 채여서 죽었습니다. 그것이 나라에 유익한 것이 없고, 먹이는 꼴과 콩이 다른 짐승보다 열 갑절이나 되어, 하루에 쌀 2말, 콩 1말 씩 이온즉, 1년에 소비되는 쌀이 48섬이며, 콩이 24섬입니다. 화를 내면 사람을 해치니, 이익이 없을 뿐 아니라, 도리어 해가 되니, 바다 섬 가운데 있는 목장에 내놓으소서..."

- 세종실록 11권, 세종 3년 3월 14일 5번째 기사 1421년

이쯤 되면 왕의 인내가 한계에 도달했을 것 같지? 그런데도 세종은 물과 풀이 좋은 곳에 길러서 죽지 않도록 하라고 당부를 하지. 그리고 더 이상 코끼리에 대한 기록은 찾아볼 수가 없어. 아마도 수명이 다 되어 죽었겠지. 다만 코끼리를 선물로 받아 잘 키웠던 것이 관례가 되어 이후 일본이 원숭이, 공작새 등을 선물로 보내올 때도 태종 때 받았던 코끼리의 예를 들어 부담을 무릅쓰고 열심히 키웠다는 실록의 기사가 남아 있단다.

현대 사람들에게 반려동물은 가족과 같지. 여행을 떠날 때는 반려동물을 위한 호텔에 맡기는 정도이니 말이야. 조선 사람들도 생활에 활력소가 되는 여러 반려동물을 키웠단다. 가장 대표적인 반려동물이 충복이라는 말로 대변되는 개야. 개는 미래의 번창을 나타낼 뿐만 아니라, 시간을 나타낼 때의 개를 가리키는 술시는 부지런함을 대표하는 오전 7시~9시 사이란다.

조선 시대에 키운 반려견은 그림을 통해서 살펴볼 수 있어. 16세기의 화가인 이암이 그린 <모견도>에는 긴 꼬리를 늘어트리고 의젓이 있는 어미 개와 품속을 파고드는 강아지 세 마리가 그려져 있어. 그 모습이 보는 이로 하여금 절로 미소를 띠게 만들지. 다정하고 따뜻한 모성애를 느낄 수 있기 때문이야. 궁궐에서도 반려견을 키웠는데 이는 영조에게 불운의 죽음을 당한 사도세자가 어릴 적에 그린 개 그림을 통해 알 수 있지. 이 그림 덕분에 당시 궁궐에서 똥을 약으로 만들기 위해 키운 잡견도 있었지만 삽살개 종류의 순견도 키웠다는 것을 짐작할 수 있어. 김홍도가 남긴 그림에서도 개들의 모습을 살펴 볼 수가 있어. 강아지들이 노는 모습을 어미견이 대견하게 바라보는 그림을 간송미술관에서 소장하고 있단다. 그런데 그 모습이 매우 여유로워 잡아먹기 위한 개가 아니라 집에서 키우는 개라는 것을 잘 알 수 있지.

반려견과 함께 조선 시대에 키운 대표적인 반려 동물 중에 고양이가 있어. 고양이도 그림에서 그 모습을 살펴볼 수 있는데, 가장 잘 알려진 그림은 17세기 화가인 변상벽의 <묘작도>야. 이 그림에는 두 마리의 고양이가 서로 눈을 맞추며 뜻을 주고받는 모습이 잘 나타나 있지. 고양이가 병아리를 채가서 부부가 하던 일을 내팽개치고 고양이를 쫓아가는 실감나는 그림도 있는데 이것이 18세기 화가 김득신이 그린 <파적도>야. 양반은 담배 곰방대를 들고 아내는 맨발로 달려 나오고 있는 모습이 얼마나 실감나는지 바로 눈앞에서 일어난 일을 보는 것 같단다.

묘작도

243